리더의 얼굴

리더의 얼굴

초판 1쇄 인쇄 2022년 11월 5일
초판 1쇄 발행 2022년 11월 15일

지은이 임채성
책임 편집 현영환
디자인 산타클로스_김현미

펴낸곳 루이앤휴잇
주 소 서울시 양천구 목동동로 240, 103동 502호(목동, 현대1차아파트)
팩 스 0504-039-1522
메 일 pacemaker386@gmail.com
포스트 https://post.naver.com/lewuinhewit

출판등록 2011년 8월 30일(신고번호 제313-2011-244호)

종이책 ISBN 979-11-86273-59-3   13320
전자책 ISBN 979-11-86273-60-9   15320

루이앤휴잇은 많은 사람에게 도움이 되는 책을 출간하는 것을 목표로 하고 있습니다.
책으로 출간했으면 하는 좋은 아이디어와 원고가 있다면 주저하지 말고 문의해주세요.
pacemaker386@gmail.com

리더의 얼굴

우리가 몰랐던 난세 영웅들의 또 다른 얼굴

임채성 지음

루이앤휴잇

우리가 몰랐던 난세 영웅들의 또 다른 얼굴

'역사'라는 이름으로 재구성된 영웅들의 삶

사람을 제대로 평가하기란 여간 어려운 일이 아니다. 특히 그 사람이 동시대가 아닌 역사 속 인물이라면 더욱더 어렵다. 그가 남긴 말과 행적, 즉 기록으로밖에 판단할 수 없기 때문이다. 하지만 그 역시 참모습이라고 할 수 없다. 승자는 철저히 미화하고, 패자는 폄훼하고 왜곡했기 때문이다. 역사를 '승자의 기록'이라고 하는 이유다. 실례로, 중국사 최고의 명군으로 꼽히는 당 태종은 황제가 되기 위해 형제를 죽인 것은 물론 아버지인 고조 이연(李淵)을 유폐한 패륜아였다. 또한, 자기에게 유리한 것은 기록하고, 그렇지 않은 것은 철저히 숨기고, 삭제하는 등 역사서를 제멋대로 쓰고, 고치는 악습을 남긴 겉과 속이 전혀 다른 인물이었다. 그런데도 그의 치세를 '정관의 치(貞觀之治)'라고 부르고, 그가 남긴 책을 '제왕학(帝王學) 교과서'로 떠받들기까지 했다.

그런가 하면 중국을 최초로 통일한 진시황은 출생을 둘러싼 끊임없는 논란과 희대의 폭군이라는 이미지를 덧씌워 철저히 깎아내렸다. 진나라의 정통성을 부정하고, 진시황을 깎아내리는 데는 그것만큼 좋은 이야깃거리가 없었기 때문이다.

그것이 전부가 아니다. 수많은 이들의 삶이 역사라는 이름으로 재구성되며, 전달자의 가치관에 따라 미화되기도 하고 폄훼되어 수많은 사람에게 편견을 심어주었다. 그 대표적인 인물이 바로 《삼국지연의(三國志演義)》를 쓴 나관중(羅貫中)이다.

알다시피, 나관중은 촉한(蜀漢)만이 한나라의 정통성을 이은 나라로 생각했다. 그 결과, 유비(劉備)와 제갈량(諸葛亮)을 비롯한 촉의 인물은 높이 평가하고 영웅으로 떠받든 반면, 다른 인물들은 철저히 왜곡하고 평가절하했다. 그 가장 큰 피해자는 조조(曹操)였고, 이는 지금까지도 많은 사람이 조조에 대한 편견을 지닌 가장 큰 원인이 되었다. 그 때문에 조조를 연구하는 학자들은 《삼국지연의》를 통해 조조를 평가하는 것은 올바른 방법이 아니라고 말한다. 조조의 참모습을 제대로 살필 수 없기 때문이다.

역사는 '승자의 기록'… 승자는 미화, 패자는 철저히 폄훼

우리가 아는 역사 기록은 대부분 승자의 기록 내지는 전달자의 주관적인 기록에 지나지 않는다. 그러다 보니, 흔히 말하는 '장님 코끼리 만지기'가 되기에 십상이다. 즉, 전체는 보지 못한 채 자기가 아는 것만을 가지고 그것이 진실인 양 고집하는 셈이다.

사람을 제대로 평가하려면 삶 전체를 꿰뚫어야 한다. 그래도 제대로 알수 없는 것이 사람이다. 하물며 한 번도 본 적 없고, 대화를 나눈 적도 없는 역사 속 인물을 알기란 여간 어려운 일이 아니다.

그 사람이 어떤 사람인지 알려면 '삶의 변곡점'에 주목할 필요가 있다. 삶의 중요한 순간, 어떻게 처신했느냐에 따라서 참모습을 알 수 있기 때문이다. 그것이 이른바 삶의 세계관, 즉 '처세'다.

알다시피, 처세란 '사람과 어울려 세상에서 살아가는 일'을 말한다. 그것을 풀어가는 수단과 방법을 '처세술'이라고 한다. 즉, 처세술은 사람과 세상의 흐름을 읽고 대처하는 일이다. 그 때문에 처세술에 능한 사람일수록 출세가 빨랐고, 오랫동안 자리를 보전했다. 하지만 아무리 처세술이 뛰어나도 됨됨이가 좋지 않으면 좋은 평가를 받지 못했다. 윗사람의 신뢰가 깊지 않을뿐더러 아랫사람의 존경 역시 받지 못했기 때문이다. 약삭빠른 처세로 높은 자리에 올랐지만, 비참한 최후를 맞은 이들의 삶이 그것을 증명한다.

이른바 '난세(亂世)'로 불리던 중국 춘추전국시대부터 위(魏), 촉(蜀), 오(吳)로 대변되는 삼국시대에 이르기까지 900여 년 동안 수많은 영웅이 등장했다. 그들 중에는 뛰어난 능력과 재주를 지녔는데도 출세에 전혀 신경 쓰지 않고 꼿꼿하게 산 사람이 있는가 하면, 그리 뛰어나지 않은 능력과 재주를 뽐내며 끝까지 살아남은 이도 있다. 또한, 제 그릇의 크기를 모르고 지나친 욕심을 품어 결국 화를 부른 이 역시 적지 않다.

수많은 이가 난세의 영웅이 되기 위해 하루가 멀다고 약육강식의 쟁탈전을 벌이던 때 그들은 각자의 처지에서 갖은 모략과 술수로 살아남기 위해 부단히 애썼다. 이는 무한경쟁 시대 살아남기 위해 골몰하는 우리 모습과 크게 다르지 않다.

그 사람이 어떤 사람인지 알려면 '삶의 변곡점'에 주목해야

당나라 멸망 후 송나라 건국까지 약 50여 년은 중국 역사상 최고의 난세 중 하나였다. 이 기간에만 무려 5개 왕조가 들어서고, 황제가 10번 바뀌었다. 이른바 '5대 10국' 시대였다. 하지만 바뀌지 않은 것도 있었다. 중국 역사상 가장 혼란스러웠던 시기임에도 재상 자리만은 한 인물이 독차지했다. 어지간한 수완을 지닌 인물이 아니고는 불가능한 일이었다.

그 주인공은 바로 풍도(馮道)다. 그는 수많은 왕조가 일어서고 망하는 난세에 무려 23년 동안 재상으로 있었다. 당연히 수많은 유학자가 그의 처신을 두고 '지조 없는 기회주의자', '변절자', '최고의 간신'이라며 손가락질했다. "충신은 두 임금을 섬기지 않는다(忠臣不事二君)"라는 유교적 잣대로 그를 난도질한 것이다.

풍도가 그런 악평을 들은 이유는 그의 행위가 충성과 지조를 중시하던 유교의 가치관과 부합하지 않았기 때문이다. 또한, 5개 왕조마다 충성을 다짐했을 터이니, 그때마다 신의를 강조했을 그로서도 면목 없는 일이기도 했다. 하지만 그는 출세와 보신을 위해서 그런 것이 아니었다. 그에게 충성의 대상은 황제가 아닌 백성이었기 때문이다. 이에 하루가 멀다고 잔혹하고 격렬한 전투가 벌어지는 와중에도 자신이 할 수 있는 일과 할 수 없는 일, 해야 할 일과 하지 말아야 할 일을 정확히 구분하고, 황제가 바뀌는 것쯤은 전혀 신경 쓰지 않으며 오로지 백성의 삶을 위해서 노력했다. 중화사상에 젖은 유학자들의 눈에는 그런 풍도가 절묘한 줄타기의 달인으로밖에 보이지 않았을 것이다. 하지만 백성들이 보는 풍도는 전혀 달랐다. 그들은 풍도를 "옛사람의 풍격을 지닌 거대한 산과 같은 인물"이라며 존경하고 따랐다. 후대로 내려올수록 그런 평가는 더욱 짙어진다. 풍도에 대한 평가는 유교적 가치관의 쇠약과 궤를 같이하는 셈이다.

난세의 삶에 있어서 가장 중요한 목표는 '생존'이다. 생존해야만 어떤 이상이라도 달성할 수 있기 때문이다. 그런 점에서 볼 때 풍도는 자신의 이상을 실현하기 위한 가장 현실적인 처세를 보였다고 할 수 있다. 그를 '간신'이나 '변절자'라고만 할 수 없는 이유다. 그렇다고 해서 현실 영합적인 그의 처세가 옳다는 것은 아니다. 지조 없이 변절을 일삼은 기회주의적 행태는 비난받아 마땅하다. 하지만 우리가 주목해야 할 것은 기록 너머의 진실이다. '역사'라는 이름으로 재구성된 그의 삶을 두고 양극단의 평가가 오가듯, 누구도 거기서 자유롭지 않기 때문이다.

시대와 상황에 따라 바뀌는 리더의 얼굴

동서고금을 막론하고 변하지 않는 질문 하나.

"훌륭한 리더는 과연 어떤 사람인가?"

그만큼 리더의 역할이 중요하다는 방증이다. 리더에 의해 조직은 물론 한 나라의 흥망성쇠가 결정되기 때문이다. 그런 점에서 볼 때 역사는 시대를 초월하여 훌륭한 리더와 그 자질에 대해 가감 없이 알려주는 교과서와도 같다. 어떤 리더가 훌륭하고, 무엇이 그를 빛나게 하는지 가르쳐주기 때문이다. 나아가 실패한 리더를 반면교사 삼아 이상적인 리더로 거듭나게 한다.

　　주목할 점은 시대와 상황에 따라 필요로 하는 리더의 조건 역시 다르다는 점이다. 예컨대, 한때는 훌륭한 리더의 모범으로 불리던 사람이 다른 시대, 다른 상황에서는 현실 영합적인 '처세꾼'이 될 수도 있으며, 반대로 희대의 간신 취급을 받던 이가 영웅으로 거듭나는 경우도 있다. 그만큼 리더의 조건은 시대와 상황에 따라 바뀐다.

　　여기, 난세를 산 다양한 인생이 있다. 어쩌면 지금의 우리와 매우 닮은 삶이 있을지도 모른다. 중요한 것은 그들을 봉건주의 시대 유학자들의 편향된 관념이 아닌 냉정하고 객관적인 잣대로 바라볼 필요가 있다는 점이다. 그래야만 더는 '장님 코끼리 만지기'가 아닌 그들의 맨얼굴을 들여다볼 수 있기 때문이다. 그들이 금과옥조(金科玉條)처럼 떠받든 신념을 토대로 그들의 지난한 삶을 한 글자에 담았다. 그들의 다양한 삶을 통해 난세와 같은 이 시대를 살려면 어떻게 해야 할지 한 번쯤 돌아보는 기회가 되었으면 한다.

－2022년 9월, 임채성

||| 차 례 |||

머리말

우리가 몰랐던 난세 영웅들의 또 다른 얼굴

리
더
의

얼
굴

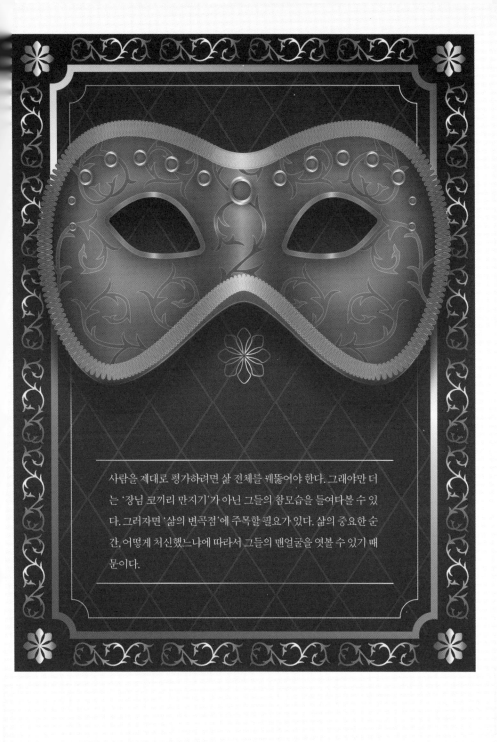

사람을 제대로 평가하려면 삶 전체를 꿰뚫어야 한다. 그래야만 더는 '장님 코끼리 만지기'가 아닌 그들의 참모습을 들여다볼 수 있다. 그러자면 '삶의 변곡점'에 주목할 필요가 있다. 삶의 중요한 순간, 어떻게 처신했느냐에 따라서 그들의 맨얼굴을 엿볼 수 있기 때문이다.

천상천하 유아독존(天上天下 唯我獨尊)

출생을 둘러싼 논란

천상천하 유아독존(天上天下 唯我獨尊). 부처님이 세상 만물의 이치를 홀로 깨우친 후에 했다는 말로 "하늘 위와 하늘 아래에서 가장 존귀한 존재는 나요, 오로지 나만이 세상의 중심이 될 수 있다"라는 뜻이다. 하지만 언제부터인가 '유아독존'만을 따로 떼어 '오직 자기밖에 모르는 이기적인 사람'이나 '자기주장만을 내세우는 독선적인 사람'을 가리키는 말로 사용하고 있다. 이를 가장 대표하는 사람이 바로 진시황(秦始皇)이다. 세계에서 가장 큰 무덤을 만들었을 뿐만 아니라 자신을 맨 처음 황제라는 뜻에서 '시황제(始皇帝)'로 칭했기 때문이다. 그만큼 무소불위의 힘을 휘두른 권력자였다.

진시황 정(政). 그는 중국을 최초로 통일하여 '하나의 중국'이라는 의식을 중국인의 머릿속에 깊게 새긴 황제다. 그런 그를 말할 때면 어김없이 하는 이야기가 있다. 바로 그의 출생을 둘러싼 비밀이다. 그의 생부가 여불위(呂不韋)일지도 모른다는 논란이 바로 그것이다. 수수께끼의 주인공인 여불위는 자신의 애첩 조희(趙姬)를 진나라의 공자 이인(異人, 훗날의 장양왕)에게 바침으로써 진시황의 출생을 둘러싼 미스터리를 영원히 남겼다. 하지만 이에 대한 정확한 역사적 근거는 없다. 즉, 진시황의 출생과 관련된 이야기는 모두 억측에 불과하다.

이 논란은 사마천(司馬遷)의 《사기(史記)》에서 시작되었다. 〈여불위열전(呂不韋列傳)〉에서 진시황은 여불위의 아들이라고 했기 때문이다.

여불위는 한단(邯鄲, 조나라의 수도)의 여자 중에서 매우 아름답고 춤 잘 추는 여자와 함께 살다가 그녀가 임신한 것을 알았다. 그런데 어느 날, 그녀를 보고 반한 자초(子楚)가 여불위에게 그녀를 청했다. 여불위는 처음에는 크게 화를 냈지만, 집안이 무너져도 진기함을 낚으려는 일을 생각해 마침내 그녀를 자초에게 바쳤다.

—《사기》〈여불위열전〉 중에서

그런데 〈진시황본기(秦始皇本紀)〉에서는 진시황이 장양왕(莊襄王) 자초의 아들이라며 전혀 다른 이야기를 했다.

진시황제는 진 장양왕의 아들이다. 장양왕이 진나라 인질로 조나라에 있을 때 여불위의 첩을 보고 매료되어 그녀를 아내로 맞이했으며 시황제를 낳았다.

_《사기》〈진시황본기〉 중에서

진시황의 어머니 조희는 자초와 결혼 후 12개월여 만에 정을 낳았다. 그런 점에서 볼 때 진시황이 여불위의 아들이 아닌 장양왕의 아들임은 논란의 여지가 없다. 그런데도 출생을 둘러싼 논란이 끊임없이 제기되는 이유는 과연 무엇 때문일까. 또한, 사마천은 왜 서로 다른 기록을 남겼을까. 바로 '리틀 진시황'으로 불리는 한 무제(漢武帝)의 지독한 콤플렉스 때문이다.

알다시피, 사마천이 태어난 한나라는 진나라 멸망 후 세워졌다. 또한, 그가 활동할 당시 한나라의 황제였던 한 무제는 자신의 비위를 거스르는 이는 무조건 극형으로 다스릴 만큼 사나운 폭군이자, 흉노를 몰아내고 한나라의 황금기를 만든 성군이기도 했다. 진시황에 버금가는 인물이었던 셈이다. 하지만 진시황이 있는 한 그는 절대 최고의 황제가 될 수 없었다. 그러니 어떻게 해서건 진나라의 정통성을 부정하고, 이전까지 최고의 황제로 알려진 진시황을 깎아내릴 필요가 있었다. 거기에는 진시황의 출생을 둘러싼 논란만큼 좋은 이야깃거리는 없었으리라는 것이 역사학자들의 공통된 견해다.

최초의 중국 통일, 스스로 '황제'가 되다

기원전 250년, 자초의 아버지 태자 안국군(安國君, 진 효문왕)이 진

(秦)의 제30대 군주로 즉위했다. 그가 바로 효문왕(孝文王)이다. 그는 소양왕(昭襄王)의 차남이었지만, 태자 영탁('탁태자' 또는 '도태자'라고도 함)이 위나라에 인질로 갔을 때 살해당해 운 좋게 대를 이을 수 있었다. 하지만 즉위한 지 3일 만에 갑자기 죽고 말았다. 이를 두고 여불위가 독살했다는 음모론이 있지만, 당시 그의 나이가 53세였던 점을 고려하면 이 역시 억측에 불과하다.

그렇게 해서 효문왕의 뒤를 이은 사람이 진시황의 아버지 자초였다. 하지만 그 역시 3년 만에 죽어 아들 정이 뒤를 이었는데, 그때 그의 나이 겨우 13살로 한 나라를 책임지기에는 너무 어렸다. 이에 승상 여불위가 그를 대신해서 나라를 다스리는 섭정이 되었고, 어린 진시황은 그를 '중보(仲父, 작은아버지)'라고 부르며 아버지처럼 떠받들었다. 진나라의 실권이 여불위의 손안에 들어간 셈이었다.

그때부터 여불위는 무소불위의 권력을 휘둘렀다. 각종 이권에 개입해서 수많은 재물을 모은 것은 물론 절대 해서는 안 될 일을 벌이기도 했다. 옛 첩이었던 조 태후(진시황의 어머니)와 불륜을 저지른 것은 물론 환관 노애(嫪毐)를 그녀에게 소개해 둘 사이에 아이까지 낳게 한 것이다. 또한, 수많은 신하를 포섭해 권력을 더욱 공고히 다졌다.

이런 여불위의 힘을 빼앗고 내쫓아서 자살하게 만든 사람은 아이러니하게도 진시황이었다. 진시황은 성년이 되어 나라를 직접 다스릴 수 있게 되자, 노애의 반란을 빌미 삼아 여불위의 모든 봉호와 작록을 삭탈했다. 그리고 척박한 촉 땅으로 그를 추방하며, 그를 아는 모든 제후와 지인에게 "여불위 근처에 얼씬도 하지 말라"라며 엄포를 놓았다. 한순간에 최고 권력가에서 나락으로 떨어진 여불위는 크게 낙담하며 재기를 노렸지만, 누구도 그의 말을 들으려고 하지 않았다. 그런 그에게 어느 날, 진시황의 편지가 도착했다.

> 그대가 진나라에 무슨 공로가 있기에 그대를 하남에 봉하고, 10만 호의 식읍을 내렸소? 그대가 진나라와 무슨 친족 관계가 있기에 중부라고 불리오?
>
> —《사기》〈진시황본기〉 중에서

이는 그때까지의 여불위의 모든 공로를 부정하는 말이었다. 그제야 더는 재기할 수 없음을 깨달은 여불위는 결국 자결하고 말았고, 모든 권력을 장악한 진시황은 비로소 친정 체제를 굳히며 6국을 통일할 원대한 계획을 세웠다. 그리고 기원전 230년 한나라를 시작으로 기원전 221년 제나라를 멸망시키며, 중국을 최초로 통일했다. 이때 그의 나이 39세로 정복 전쟁을 벌인 지 10년 만이었다. 다만, 엄밀히 말하면 진시황은 이때 중국 전체를 통일하지 못했다. 위(衛)나라가 엄연히 남아있었기 때문이다. 진시황은 다른 나라는 모두 멸망시킨 후 왕이나 제후들을 평민으로 만들었지만, 무슨 이유인지 위나라만큼은 멸망시킨 후에도 왕의 작위를 그대로 유지하게 했다. 그러던 것을 이세 황제인 호해(胡亥)가 즉위 후 위의 마지막 군주 각(角)을 서민으로 만들면서 비로소 중국 전체를 통일할 수 있었다.

천하통일 후 진왕 정(政)은 '하늘 아래 최초의 황제'라는 뜻에서 자신을 '시황제'라고 칭했다. 이는 자신이 권력의 최고 정점임을 천하에 선포한 것이었다. 황제란 "덕은 삼황(三皇)보다 낫고, 공적은 오제(五帝)보다 높다"라는 뜻으로, '왕 중의 왕'이라는 뜻이었기 때문이다. 그만큼 그의 자부심은 남달랐다.

분서갱유, 희대의 폭군으로 전락하다

시황제는 본격적인 제국 통치에 몰두하며 각 분야의 개혁을 단행했다. 그 첫 번째는 지역마다 제각각이던 문자와 도량형, 화폐를 통일한 것이었다. 특히 문자와 도량형의 통일은 국가 통치의 근간이자, 권력을 공고히 하는 중요한 수단이 되었다. 비로소 중국 전체를 하나로 만들 수 있었기 때문이다. 오늘날 중국을 뜻하는 '차이나(China)'라는 이름 역시 거기서 비롯되었다.

전국을 36개 군으로 나누고, 각 군에 직접 태수를 파견하여 지배하는 군현제를 시행해 막강한 중앙 집권 국가를 이룩한 것도 이때였다. 이는 나라 안의 나라, 즉 자신이 아닌 다른 사람은 절대 인정하지 않겠다는 명명백백한 선언이기도 했다. 하지만 여기에는 문제가 있었다. 어떤 견제도 받지 않기에 독재할 수 있었기 때문이다. 그리고 이것이 바로 모든 문제의 시작이 되었다.

진시황의 급진적이고, 과격한 개혁은 많은 면에서 성과를 거두었다. 하지만 그 과정에서 백성의 불만 역시 적지 않았다. 진시황릉 건설과 흉노의 침입을 막기 위해 쌓은 만리장성 건설 등에 백성을 수시로 동원하면서 국력을 낭비했을 뿐만 아니라 혹독한 법과 지나친 형벌로 인해 민심이 점점 피폐해졌기 때문이다. 황태자 부소(扶蘇)가 보다 못해 과도한 사업을 당장 중단하고, 민생을 돌보라며 간언할 정도였다. 하지만 진시황은 그런 부소를 오히려 만리장성 건설 현장으로 추방해버렸다.

결정타는 분서갱유(焚書坑儒)였다. 알다시피, 분서갱유란 학자들의 정치적 비판을 막기 위하여 의약과 점복, 농업에 관한 책을 제외한 모든 서적을 불태우고, 저항하는 유생들을 생매장한 사건을 말한다. 이후 유학자들은 너나 할 것 없이 진시황을 폭군으로 격하시키며 만세의 적으로 취급했다. 나아가 이는 진시황을 500년 난세를 끝낸 유능한 군주에서 희대의 폭군으로 전락시킨 가장 큰 원인이 되었다.

갑작스러운 죽음과 진(秦)의 몰락

기원전 210년 7월, 진시황은 자신이 제패한 천하를 둘러보고자 다섯 번째 전국 순행에 나섰다. 재상 이사(李斯)와 막내아들(18번째 아들) 호해, 환관 조고(趙高) 등이 뒤따랐고, 아끼던 장수 몽의(蒙毅) 역시 수행했다. 수도 함양(咸陽)을 출발하여 무관을 거쳐 위수와 한수를 따라 운몽으로 간 후 다시 장강을 통해 동쪽으로 내려가 회계에 이르는 먼 여정이었다.

순행은 순조로웠다. 그런데 평원진(平源津, 지금의 산둥성 평원현 남쪽)에 이르러 갑자기 몸져눕고 말았다. 이때 죽음을 직감한 진시황은 조고에게 서둘러 유서를 받아 적게 했다. "장남 부소에게 황위를 잇게 한다"라는 것이었다. 하지만 유서를 발송하기도 전에 사구(沙丘, 지금의 허베이성 평향현 북쪽)에서 파란만장한 삶을 마치고 말았다. 그때 그의 나이 50세였다.

이와 관련해서 사마천은 한 가지 일화를 전하고 있다.

평소에 미신에 대한 집착이 심했던 시황제가 낮잠을 자던 도중, 하늘에서 해가 떨어지는 꿈을 꾸었다. 깜짝 놀란 시황제가 넘어지자, 동쪽에서 청의동자가, 서쪽에서 홍의동자가 달려와서 그것이 서로 자기 것이라며 싸웠다. 압도적인 힘의 차이로 청의동자는 홍의동자를 일방적으로 공격했다. 하지만 홍의동자는 수없이 맞으면서도 끝까지 포기하지 않고 일어나 단 한 번의 일격으로 기어이 청의동자를 물리쳤다.

시황제가 홍의동자에게 물었다.

"너는 누구냐?"

그러자 홍의동자가 말했다.

"나는 백제(百帝, 서쪽을 가리키는 방위의 신)의 아들로, 이후 400년 황조의 기틀을 다질 사람이다."

—《사기》〈진시황본기〉 중에서

여기서 청의동자는 항우(項羽)를, 홍의동자는 유방(劉邦)을 말한다.

아니나 다를까, 유방은 진시황의 뒤를 이어 중국을 두 번째로 통일하며 400여 년 한나라(전한·후한 포함) 시대를 열었다.

진시황이 순행 중 급서했을 때 조고의 직책은 부새령(符璽令, 황제의 옥새 관리인) 겸 중거부령(中車府令, 황제의 마차 관리인)이었다. 그러니 그 위세가 하늘을 찌르고도 남았다. 하지만 부소와 사이가 좋지 않았던 그는 숙청당할 것을 염려해 같은 처지였던 재상 이사와 함께 진시황의 유서를 조작했다. 요즘으로 말하면 쿠데타를 일으킨 셈이다. 그렇게해서 호해를 진시황의 후계자로 옹립한 후 부소에게는 '불효'를 이유로 자살하게 했다. 이때도 진시황의 이름으로 된 가짜 편지를 이용했다.

편지를 본 부소는 울면서 안으로 들어가 자살하려고 했다. 그러자 몽염이 부소를 만류하며 말했다.

"폐하는 궁 밖에 계시며, 태자를 책봉하지도 않으셨고, 신을 시켜 30만 병사를 이끌고 변경을 지키게 하고, 공자에게 이 군대를 감독하게 했으니 이는 천하의 중임입니다. 지금 사자 한 명이 왔을 뿐인데, 자살하면 어찌 그것이 거짓이 아님을 알겠습니까? 청컨대, 다시 용서를 빌고, 다시 간청한 후에 죽어도 늦지 않습니다."

그 말에 사자는 거듭 자살을 독촉했고, 모질지 못한 부소는 몽염에게 이렇게 말했다.

"아버지가 자식에게 죽음을 내렸는데, 어찌 용서를 청한단 말이냐?"

그리고 곧 자살했다.

_《사기》 〈이사열전〉 중에서

이후 조고는 협력자인 이사마저 모함해서 죽이며, 사실상 진나라의 최고 권력자가 되었다. 하지만 진시황 시절의 수탈에 더해 호해의 사치가 이어진 진나라는 대혼란에 빠졌고, 결국 15년 만에 멸망하고 말았다. 이로써 진은 최초로 중국을 통일한 나라에서 역사상 가장 단명한 통일 왕조가 되고 말았다.

영웅인가, 폭군인가

1974년 3월 19일, 중국 시안 외곽 여산(廬山) 근처의 한 마을에서 극심한 가뭄 때문에 우물을 파던 중 항아리 한 개가 발견되었다. 그러나 그것은 항아리가 아닌 머리 부분이 떨어져 나간 도기 인형이었다. 중국은 물론 세계사의 불가사의로 꼽히는 진시황의 '병마용갱(兵馬俑坑)'이 2,200여 년 만에 세상에 모습을 드러낸 순간이었다.

이어진 발굴에서 드러난 그 규모는 실로 놀라웠다. 그야말로 지하 궁전을 방불케 했기 때문이다. 지하 4층 규모에 60만여 평에 달하는 무덤 안에는 궁전과 관청을 본뜬 건물은 물론 도굴을 막기 위해 수은이 흐르는 강과 하늘에 뜬 별자리까지 있었다.

지하 갱의 규모는 더욱더 놀라웠다. 180여 개에 달하는 매장 갱 중 한 곳에서만 사람 실물 크기에 무게가 200kg이 넘는 토용이 8천여 개, 말 수

백여 필, 100여 대의 전차가 출토되었기 때문이다. 놀라운 점은 각각의 얼굴과 손 모양이 전부 다를 뿐만 아니라 신발 밑창에도 무늬를 넣을 만큼 섬세하고, 심지어 색깔까지 입혔다는 것이다. 결국, 죽어서도 죽고 싶지 않았던 진시황의 바람은 조금의 흔들림도 없이 사후세계를 지키는 그들에 의해 이루어졌다고 할 수 있다. 하지만 자신을 시황제로 칭하고, 자기 뒤를 잇는 아들은 이세 황제, 그다음은 삼세 황제라고 하여 자자손손 나라가 번영하기를 바랐던 진시황의 바람은 끝내 이루어지지 않았다.

천고일제(千古日帝). 천 년에 한 명 나올만한 황제로 불리는 진시황에 대한 평가는 크게 엇갈린다. 13살에 왕위에 올라 진나라를 건국하고, 문자를 비롯한 수많은 제도와 최초의 통일을 일궈냈지만, 권력에 연연하며 가혹한 정치를 했기 때문이다. 그 결과, 영웅보다는 폭군의 대명사로 알려져 있다. 과연, 그에 관해 알려진 이야기는 무엇이 진실이고, 무엇이 거짓일까. 이제 진시황을 봉건주의 시대 유학자들의 편향된 관념이 아닌 냉정하고 객관적인 잣대로 바라볼 필요가 있다. 그것이 바로 역사가 우리에게 부여한 숙제이기 때문이다.

▌오불여(吾不如), 나는 누구보다 못하다

최초의 평민 출신 황제

수많은 리더가 "쓸 만한 사람이 없다"라고 말하곤 한다. 그런 리더를 향해 사람들은 오히려 "용인술이 없다"라며 혀를 찬다. 리더의 능력은 곧 '사람 쓰는 능력'으로, 리더라면 당연히 인재를 알아보고 적재적소에 활용할 줄 알아야 하기 때문이다. 그래서 예부터 사람을 알아보는 능력을 '지인지감(知人之鑑)'이라고 하여 리더가 반드시 갖춰야 할 핵심 자질로 꼽았다. 하지만 사람을 알아보는 것이 말처럼 쉬운 것은 아니다. 오죽하면 "인재를 얻으면 천하를 얻은 것이나 마찬가지다"라고 했을 정도다.

어진 사람은 자기가 일어서기 전에 다른 사람을 먼저 일으켜 세우고, 자기가 성공하기 전에 다른 사람이 먼저 성공하도록 돕는다(仁者 己欲立

而立人 己欲達而達人).

_《논어(論語)》〈옹야(雍也)〉편 제28장

내가 잘되려면 다른 사람을 먼저 배려할 줄 알아야 한다. 배려란 '마음을 써서 보살피고 도와주는 것'을 말하는 것으로, 존경받는 리더십은 거기서부터 출발한다. 그런 점에서 볼 때 용인술의 핵심은 자기 능력을 정확히 알고, 자기보다 재능 있는 사람을 적재적소에 기용하는 것이라고 할 수 있다.

거기에 딱 부합하는 인물이 있다. 바로 한 고조 유방(劉邦)이다. 그는 중국 역사상 최초의 평민 출신 황제로 기존의 지배층이었던 제후나 귀족과는 아무런 연관이 없었다. 그런 그가 황제라는 최고의 자리에 오르고, 진시황에 이어 중국을 두 번째로 통일할 수 있었던 데는 소하(蕭何), 한신(韓信), 장량(張良) 같은 인재를 알아보고 적재적소에 중용했기 때문이다.

유방이 항우를 이긴 결정적인 비결, 용인술

진나라 말기, 영웅호걸을 자처하는 이들이 중국 전역에서 무장봉기를 일으켰다. 그들 중 두 사람이 마지막까지 자웅을 겨루었다. 서초패왕 항우(項羽)와 저잣거리 건달 출신의 유방이 바로 그 주인공이었다. 하지만 누구도 항우의 승리를 의심하지 않았다. 항우와 비교해서 유방은 모든 면에서 절대 열세였기 때문이다. 출신에서부터 외모, 능력, 군사력은 물론 전투 능력까지 역발산기개세(力拔山氣蓋世)의 용장인 항우와는 비교 자체가 애당초 불가능했다. 하지만 천하를 차지한 것은 항우가 아닌 유방이었다.

항우와의 결전에서 승리한 유방이 황제 즉위 후 연회를 베풀었을 때의 일이다. 군신들의 속마음이 궁금했던 그가 그들을 향해 물었다.

"보잘것없던 내가 천하를 얻은 비결은 무엇이며, 천하무적이었던 항씨가 천하를 잃은 이유는 과연 무엇 때문이오?"

고기(高起)가 말했다.

"폐하는 오만하고 사람을 무시하지만, 항 씨는 어질고 정에 약하기 때문입니다."

"그뿐이오?"

그러자 왕릉(王陵)이 말했다.

"폐하는 사람을 부려 성과 땅을 공략하게 해서 적이 항복하면 그 이익을 함께 합니다. 하지만 항 씨는 유능한 자를 시기하고 질투해서 공을 세우면 해치고, 어질면 의심합니다. 싸워서 이겨도 그 공을 인정하지 않고, 땅을 얻어도 그 이익을 나누지 않습니다. 이것이 그가 천하를 잃은 까닭입니다."

"공들은 하나만 알고 둘은 모르오. 군영의 장막 안에서 계책을 짜서 천 리 밖의 승리를 결정짓는 일은 내가 장량만 못하며(吾不如子房), 나라를 안정시키고, 백성을 위로하며, 군량을 공급하고, 운송로가 끊이지 않게 하는 일은 내가 소하만 못하오(吾不如蕭何). 또한, 백만 대군을 통솔해서 싸우면 반드시 승리하고, 공격하면 반드시 점령하는 일에는 내가 한신만 못하오(吾不如韓信). 세 사람은 모두 호걸 중의 호걸이오. 내가 그들을 기용한 것, 바로 이것이 내가 천하를 얻은 비결이오. 항 씨에게도 범증(范增)이 있었지만, 그는 그마저 제대로 활용하지 못했소. 그것이 바로 그가 내게 패한 결정적인 이유요."

— 《사기》〈고조본기(高祖本紀)〉중에서

오불여(吾不如). 유방의 용인술을 말할 때 자주 쓰는 말로, "나는 누구보다 못하다"라는 뜻이다. 지나친 애주가에, 속이 매우 좁고, 질투심이 많았던 유방은 자신의 약점에 대해 누구보다도 잘 알았다. 나아가 그것이 천하를 제패하는 데 있어 불리하게 작용할 것임을 알고 각 분야의 인재를 찾아서 자신의 약점을 철저히 보완했다. 즉, 자존심을 버림으로써 인재를 끌어모으고, 그들을 적재적소에 기용했다. 인재를 알아보는 능력과 용인술에 있어서 만큼은 그가 항우보다 훨씬 뛰어났던 셈이다.

"자존심을 버리면 사람이 모인다"

말했다시피, 유방은 항우와 애당초 비교 자체가 불가능했다. 이렇다할 배경은 물론 재산도 없었기 때문이다. 심지어 그 이름조차 분명치 않다. 실례로, 《사기》와 《한서(漢書)》에도 '유방'이라는 이름을 언급하는 내용이 거의 없을 정도다. 그저 성이 유 씨며, 이름은 계(季)라고만 언급

되어 있을 뿐이다. 하지만 그 역시 거의 불리지 않고, 그저 '유 씨네 막내' 정도로 통용되었다. 즉위 후에야 '유방'이라는 이름을 사용했지만, 그 역시 거의 사용하지 않았다. 그만큼 낯설었기 때문이다.

유방의 가장 큰 장점은 다른 사람의 말을 잘 들어준다는 것이었다. 항우가 용맹으로 기세를 떨칠 때 그는 따뜻한 포용력으로 민심을 얻었다. 그 결과, 항우와의 싸움에서 항상 패하면서도 부하들의 도움으로 매번 살아남을 수 있었다.

자신을 향한 비판 역시 경청할 줄 알았다. 듣기 싫은 소리를 했다고 해서 사람을 마구 죽인 항우와는 정반대였다. 그러니 시간이 흐를수록 항우가 아닌 그의 곁에 인재가 모여드는 것은 당연했다.

통일 후 황제가 된 유방이 공신들과 연회를 베풀었다.

유방이 가운데 앉고, 일등 공신인 소하와 한신, 장량이 그 옆에 앉았다. 이를 본 한 신하가 스승에게 물었다.

"소하, 한신, 장량은 모두 능력이 뛰어나지만, 정작 유방은 가문이 좋은 것도 아니고 저들처럼 능력이 출중한 것도 아닌데, 어떻게 그들을 움직일 수 있었습니까?"

"수레가 무거운 짐을 싣고 앞으로 나갈 수 있는 것은 무엇 때문인 줄 아느냐?"

"튼튼한 바큇살 때문입니다."

"그러면 어떻게 똑같은 바큇살을 쓰고도 힘의 차이가 나는 줄 아느냐?"

"……."

"수레바퀴는 바큇살만으로 이루어진 것이 아니다. 살과 살 사이의 공간 역시 매우 중요하다. 튼튼한 살이라도 그 공간이 엉성하면 힘을 쓸 수 없기 때문이다. 바퀴를 만드는 비법은 그 살과 살의 공간에 균형을 잡는 장인의 능력에 있다. 저 중에서 누가 그 장인에 해당하겠느냐?"

"그러면 스승님, 장인은 어떻게 바퀴의 살과 살 사이의 균형을 맞출 수 있습니까?"

"햇빛을 봐라. 햇빛은 온갖 나무와 풀, 그리고 꽃을 키운다. 유방이 바로 그런 햇볕이자, 장인이다. 모든 부하가 자기 능력을 최대한 발휘할 수 있도록 자리를 주어 일하게 하고, 그들이 이룬 공은 모두 돌려줌으로써 화합을 끌어내는 것이다."

_《정관정요(貞觀政要)》 중에서

"나라를 다스리는 어려움은 인재를 알아보는 데 있지, 자신이 유능해지는 데 있지 않다."

노자(老子), 장자(莊子)와 함께 3대 도가 사상가로 꼽히는 열자(列子)의 말이다. 인재를 알아보고, 기용하는 일이 그만큼 중요하다는 뜻이다. 그런 점에서 볼 때 유방은 인재의 기준을 명확히 제시했다.

천하통일 후 후방에서 보급을 맡았던 소하에게 많은 식읍을 내리자, 전장에서 싸운 장수들이 고조에게 많은 불평을 쏟아냈다.

"소하는 붓을 잡고 의논했을 뿐인데, 왜 우리보다 봉록이 많습니까?"

"사냥할 때 짐승을 쫓아가서 죽이는 것은 사냥개지만, 사냥개의 줄을 풀어 짐승이 있는 곳을 가리키는 것은 사람이다. 그대들은 단지 짐승을 잡아 올 수 있을 뿐이니, 그 공로는 사냥개와도 같다. 반면, 소하는 사냥개를 풀어 짐승을 잡아 오게 지시한 사람이니, 그 공로가 사냥꾼과 같다."

그 말에 누구도 더는 불만을 말하지 못했다.

—《사기》〈고조본기〉중에서

오늘의 중국을 있게 한 '최후의 승자'

아랫사람의 됨됨이를 한눈에 파악할 줄 아는 뛰어난 안목, 쓴소리를 들을 줄 아는 열린 귀, 함께 고생한 이들과 공과를 나눌 줄 아는 넉넉한 마음…. 이렇듯 유방은 보잘것없는 출신 성분에도 리더의 자질을 타고난 사람이었다. 하지만 목적을 위해서라면 수단과 방법을 가리지 않았다. 그에게 중요한 것은 과정이 아닌 결과였기 때문이다. 그러다 보니 그 역시 대부분 권력자가 그랬듯이, 황제 즉위 후 생사고락을 함께한 개국 공신을 숙청했다. 엄청난 시련과 난관을 이기고 최후의 승자가 되었지만, 점점 커지는 그들의 세력이 두려웠기 때문이다. 이에 영포(英布, '경포'라고도 함)와 팽월(彭越)을 시작으로 공신들을 한 명씩 제거했다.

한신 역시 그 예외가 아니었다. 한신은 한나라 개국의 일등 공신이었지만, 가장 위험한 인물이기도 했다. 자신의 세력을 지녔을 뿐만 아니라 숨겨둔 야심을 드러냈기 때문이다. 그러던 중 마침내 기회가 왔다. 한신이 항우의 장수였던 종리말(鐘離眜, '종리매'로 부르기도 하지만, 이는 한자의 오역으로 '종리말'이 맞다)을 숨겨준 것이다. 이를 빌미로 유방은 한신을 장안으로 압송한 후 결국 처형했다.

대부분 역사 인물에 대한 평가가 엇갈리듯, 유방에 대한 중국인들의 평가 역시 극단적으로 엇갈린다. "인정이라고는 없는 잔인무도한 사람"이라는 말에서부터 "봉건 황제 중 가장 대단한 사람"이라는 평가까지 있을 정도다. 그만큼 그에 대한 호불호는 극명하게 나뉜다.

중국의 옛말에 "사람을 잘 쓰는 자가 결국 일을 이루어 내고, 그런 사람일수록 사람을 잘 다룬다"라는 말이 있다. 유방은 군대를 잘 통솔하거나 전략을 잘 짜는 사람은 아니었다. 하지만 누구보다도 사람을 잘 쓸 줄 알았고, 자신의 부족한 점을 잘 알았다. 이에 세계적인 역사학자 아놀드 토인비(Arnold J. Toynbee)는 그에 대해 이렇게 말했다.

"인류 역사상 가장 선견지명이 있고, 영향력 있는 정치인은 로마 제국을 세운 율리우스 카이사르와 한나라를 세운 유방이다."

카이사르는 로마 1,000년 왕정의 기틀을 닦았고, 유방은 한 왕조 2,000년의 기반을 닦았다는 것이 그 이유였다.

로마는 한때 세계를 제패한 위대한 나라였지만, 지금은 국가도, 민족도 남아 있지 않다. 오직 역사로서만 존재할 뿐이다. 반면, 한 왕조는 유방에 의해 건국된 후 당(唐)·송(宋)·명(明) 등을 거치면서 한(漢)족 중심의 역사를 2,000년 가까이 이어오고 있다. 물론 한나라는 400여 년 만에 망했지만, 오늘날 중국인들이 자신을 '한족(漢族)'이라고 칭하며 스스로 한나라의 후손임을 밝히고 있다. 이는 중국을 최초로 통일한 진시황도 이루지 못한 것으로, 한나라에 이르러 중국이 비로소 하나가 되었음을 방증한다. 그런 점에서 볼 때 한 고조 유방은 오늘날 중국의 국가적 문화 정체성을 만들어낸 창시자라고 할 수 있다. 이것이 바로 그가 '최후의 승자'로 기억되는 이유다.

'후흑(厚黑)'의 이치를 터득하지 못하다

역발산기개세(力拔山氣蓋世)의 쾌남아

천하를 놓고 유방과 일전을 겨룬 항우(項羽)가 해하(垓下)에서 한나라 군사에게 포위되었을 때의 일이다.

이전까지 단 한 번도 패한 적 없던 항우의 100만 대군은 단 28명밖에 남지 않았다. 이들에게 한나라의 5천 군사가 공격해왔고, 결사적으로 싸운 끝에 2명이 죽고, 26명이 살아남았다. 그러자 항우는 훗날을 기약하며 그들을 배에 태워 강남으로 보냈다. 그들이 함께 가서 권토중래를 기약하자고 했지만, 항우는 끝까지 그것을 거부하며 이렇게 말했다.

"나는 강남 자제 8천여 명을 이끌고 처음 거병했다. 그런데 지금 그들을 모두 잃고 겨우 26명만 살아남았다. 모두가 나를 용서해도 내가 나를 용서할 수 없다."

그리고 얼마 후 사방에서 초나라의 노랫소리(여기서 '사면초가(四面

楚歌)라는 고사성어가 유래했다)가 들려왔다. 항우는 자신의 운명이 다 했음을 직감하며 그 노래를 따라 불렀다. 옆에는 항상 그를 따르던 사랑하는 우미인(虞美人)과 명마 추(騅)가 있었다.

> 힘은 산을 뽑고, 기개는 세상을 덮을 만한데(力拔山兮氣蓋世)
>
> 때가 불리하니, 추조차도 달리려고 하지 않네(時不利兮騅不逝)
>
> 추마저 달리지 않으니 어찌할까나(騅不逝兮可奈何)
>
> 우야, 우야, 너를 어찌해야 할꼬(虞兮虞兮奈若何)

—《사기》〈항우본기(項羽本紀)〉'해하가'

여기서 '우(虞)'는 우미인을 말한다. 알다시피, 그녀는 항우의 노래를 따라 부르며 스스로 목숨을 끊었다. 두 사람의 비극적인 사랑을 그린 작품이 바로 영화 '패왕별희(覇王別姬)'로, 항우가 잘나갈 때 으뜸 '패(覇)' 자를 써서 자신을 서초패왕(西楚覇王)으로 부르던 것에서 유래했다.

어느 모로 보나 유방은 항우의 상대가 되지 못했다. 항우는 명문의 후손으로 수많은 인재가 곁에 있었지만, 유방은 한미한 집안 출신의 시정잡배로, 그의 곁에 있는 사람 역시 개장수 번쾌(樊噲) 같은 고향 친구 몇몇이 전부였기 때문이다. 그러니 누구도 항우의 천하 제패를 의심하지 않았다. 그도 그럴 것이 그는 거병 2년 만에 중원을 제패하며 패왕으로 군림할 만큼 타고난 무장이었다. 전술 능력과 군사 지휘, 통솔력에 있어서 중국의 역대 인물 중 단연 최고라고 평가받을 정도다. 실례로, 곤양(昆陽) 대전과 함께 중국사의 손꼽히는 전쟁으로 꼽히는 팽성(彭城) 대전에서 그는 고작 3만여 명의 군사로 한나라의 60만여 대군을 초토화했다. 하지만 천하를 거머쥔 것은 그가 아닌 유방이었다.

"모두가 나를 용서해도 내가 나를 용서할 수 없다"

항우는 유방과의 5년에 걸친 전쟁 끝에 자살로 생을 마감했다. 그 때문에 그의 삶은 '크게 흥했다'와 '몰락했다'라는 상반된 묘사가 함께 따라붙는다. 주목할 점은 이런 엇갈린 평가와는 달리, 여전히 많은 사람으로부터 최고 영웅으로 추앙받고 있다는 점이다. 예컨대, 사마천은 그를 '자고이래 첫 번째 인물'로 꼽으며, 그를 제후를 다루는 '세가(世家)'나 신하와 반역자를 다룬 '열전(列傳)'이 아닌 황제의 행적을 기록하는 《사기》 '본기(本紀)'에 담았다.

하늘이 내린 무력과 카리스마를 갖고 있었고, 명문 귀족으로서 기품 있는 언행과 혈통을 타고났으며, 한신과 왕릉과 진평 등 당대의 모든 인물이 입을 모아 공손하고 자애로운 태도를 지닌 청렴한 인물이라고 했다.

—《사기》 〈항우본기(項羽本紀)〉 중에서

좋은 가문에서 태어나 불굴의 패기와 의지로 진을 멸망시킨 항우는 당대의 숙석 유방보다 훨씬 앞서 나간 난세의 영웅이었다. 진의 주력군을 평정한 거록(鉅鹿) 대전은 물론 천하 제패의 꿈을 다진 팽성 대전만 봐도 유방은 항우에게 한참 뒤져 있었다. 그런데 마지막 '오강(烏江) 전투'가 문제였다. 수십만 대군을 이끌고도 결국 유방에게 무너졌기 때문이다.

항우가 유방에게 패한 이유는 복합적이다. 예컨대, 그는 전투와 전술에는 뛰어났지만, 전략에서는 유방을 앞서지 못했다. 또한, 인재를 보는 안목과 활용하는 용인술에서도 유방보다 못했다. 아닌 게 아니라, 모든 면에서 그의 상대가 되지 못했던 유방의 유일한 장점은 다른 사람의 말을 잘 듣고, 인재를 잘 구별해서 적재적소에 중용하는 것이었다. 실례로, 고릉 대전에서 항우에게 패한 유방은 통 큰 조치를 요구하는 참모 장량의 계책을 받아들여 한신, 팽월과 천하를 공유하기로 했다. 그렇게 해서 한신을 제왕(齊王)으로 봉해 초나라 땅을 줬고, 팽월은 양나라를 평정한 공로를 치하해 양왕(梁王)으로 봉했다. 그러자 두 사람은 여러 전투에서 맹활약하며 결국 전세를 뒤집었다.

반면, 항우는 자기 능력을 과신한 나머지 다른 사람의 조언을 전혀 듣지 않았다. 불같은 성격으로 참모와 부하들을 떨게 할 뿐이었다. 이 때문에 항우와 갈등이 생긴 신하들은 후환을 두려워한 나머지 유방에게 투항하곤 했다. 그 대표적인 인물이 바로 한신, 팽월, 영포, 진평(陳平)이다. 특히 한신은 항우에게 여러 차례 계책을 전했지만, 그때마다 항우는 그를 무시했다. 빨래하는 아낙에게 밥을 빌어먹고, 무뢰배의 가랑이를 기는 치욕을 견디며 야망을 키운 한신이 그것을 참을 리 없었다. 이에 소하의 추천으로 유방의 중용을 받은 한신은 항우를 멸하는 데 앞장서며, 유방의 천하 통일에 가장 큰 공을 세웠다. 만일 그때 항우가 한신을 믿고 중용했다면 역사는 전혀 다른 방향으로 전개되었을지도 모른다.

팽월, 영포, 진평 역시 마찬가지다. 한신과 마찬가지로 항우에게 인정받지 못했던 그들은 유방의 중용을 받으며 항우의 숨통을 끊는 데 일조했다.

물론 항우에게도 범증(范增)이라는 뛰어난 책사가 있었다. 항우는 그를 아버지 다음으로 존경한다는 의미에서 '아부(亞父)'라고 부를 만큼 믿고 따랐다. 항우에게는 없어서는 안 될 인물이었던 셈이다. 하지만 진평의 반간계에 속아 의심한 끝에 결국 그마저 잃고 말았다. 사실 범증은 유방을 위험한 인물로 생각해서 항우에게 미리 없애야 한다며 수차례 조언하고, 홍문의 연까지 열어서 암살하려고까지 했지만, 항우는 유방을 얕보기만 할 뿐 끝내 그의 말을 따르지 않았다.

이렇듯 항우는 인재를 알아보지 못했을 뿐만 아니라 제대로 활용하지도 못했다. 문제는 그가 유방에게 패해 오강에서 자살하는 순간까지도 왜 자신이 실패했는지 몰랐다는 점이다. 하늘이 자신을 버렸다며 원망할 뿐이었다.

현대의 영웅이 된 역사의 패자

항우는 하늘이 내린 무력과 카리스마를 지니고 있었고, 명문 귀족으로서 기품 있는 언행과 혈통을 타고났다. 한때 그 휘하에 있었던 한신과 진평 역시 그를 일컬어 "매우 공손하고 자애로운 태도를 지닌 청렴한 인물"이라 했다. 하지만 이는 한신의 말처럼 보통 남자의 그릇이었을 뿐, 황제의 그릇에는 미치지 못했다. 윗사람에 교만하고, 부하에게는 인색하였으며, 참모를 신뢰하지 못했고, 친족만 편애했기 때문이다. 무엇보다도 조금이라도 거슬리면 조금의 망설임도 없이 죽이곤 했다. 이에 훗날 대장군이 된 한신은 유방에게 항우에 대해 다음과 같이 말했다.

> 항왕(項王)이 화를 내며 큰소리를 지르면 1,000명이 모두 엎드리지만, 어진 장수를 믿고 일을 맡기지 못하니 그저 보통 남자의 용맹에 지나지 않습니다. 항왕이 사람을 대하는 태도는 공손하고 자애로우며 말씨가 부드럽습니다. 누군가 병에 걸리면 눈물을 흘리며 음식을 나누어 줍니다. 그러나 부하가 공을 세워 벼슬을 주어야 할 경우가 되면 인장이 닳아 깨질 때까지 만지작거리며 선뜻 내주지 못하니, 여인의 인자함일 뿐입니다.

_《사기》〈회음후열전〉 중에서

항우는 리더로서 수많은 장점을 갖고 있었지만, 의심과 불통, 정치력의 부재, 용인술의 실패로 인해 결국 역사의 패자가 되고 말았다. 그런데 아이러니하게도 후세에 인기를 얻고 있는 이는 유방이 아닌 항우다. 현실적이고, 계산적인 유방보다 직선의 삶을 산 쾌남아 항우가 훨씬 매력적인 인물로 보이는 까닭이다. 물론 우미인과의 애절한 사랑 역시 한몫

한다.

죽음을 앞둔 항우가 '해하가'를 부르며 자신을 애통하게 부르자, 우미인은 이렇게 답했다.

한의 병사들이 모든 땅을 이미 차지했고(漢兵已略地)

사방에서 초나라 노래가 들려오는데(四方楚歌聲)

대왕의 뜻과 기운이 다하였으니(大王意氣盡)

미천한 첩이 어찌 살기를 바라겠습니까(賤妾何聊生)

—《사기》〈항우본기〉'우미인의 답가'

이 노래와 함께 우미인은 항우의 칼을 빼 자결했다. 최후의 결전을 앞둔 항우에게 짐이 되지 않기 위해서였다. 이를 본 항우 역시 도망가는 것을 포기하고 결국 최후를 맞았다. 그때 그의 나이 31세였다. 그런 그의 삶이 안타까웠을까. 중국의 역사학자 리중톈(易中天)은 항우에 대해서 다음과 같이 평했다.

"항우 주변에는 청렴결백하고, 강직하며, 지조 있고, 예의 바른 사람이 대부분이었다. 반면, 유방 주위에는 이익만 밝히는 염치없는 인간이 대부분이었다. 그들은 유방에게 기대어 작위(벼슬)를 구걸하고 식읍(재산)을 얻고자 했다. 이런 염치없는 인간들의 욕망을 잘 알고 있던 유방은 그들에게 적당히 벼슬과 재산을 주면서 잘 구슬려 이용했다. … (중략) … 한나라가 시작된 후 중국에서 항우처럼 바보 같고, 순진하며,

제멋대로인 영웅은 점점 줄어들고, 그 대신 음험하고, 이익만 밝히는 비열한 자와 어리석고 진부한 서생만 늘어났다. 항우가 자신의 실패를 통탄하며 '하늘이 날 망하게 하는구나'라고 한 것도 틀린 말은 아니다. 항우의 죽음은 한 시대의 종말을 알리는 것으로, 이때부터 중국에서 호연지기를 가진 호랑이와 표범의 시대가 끝나고 주인 말을 잘 듣는 개와 양의 시대가 문을 열었다."

'후흑'의 도를 닦지 못하다

청나라 말기의 학자 리쭝우(李宗吳)는 '후흑학(厚黑學)'의 교주로 불린다. 그는 공자(公子)가 주장한 유교 사상에 맞서 인간의 근본은 '인의예지(仁義禮智)'가 아닌 '후흑'에 있다고 강조했다. 후흑은 '면후심흑(面厚心黑)'에서 나온 말로 '낯이 두껍고, 속마음이 시커멓다'라는 뜻이다.

그는 "군자와 영웅의 길은 후흑의 도를 닦는 데 있다"라고 강조하며, 후흑의 도를 3단계로 나누었다.

1단계는 '낯이 성벽처럼 두껍고, 속이 숯처럼 시커먼' 수준이다. 하지만 이 단계만으로는 안색이 혐오스러워서 사람들이 다가오길 꺼린다. '낯이 두꺼우면서 딱딱하고, 속이 검으면서도 맑은' 2단계에 이르러야만 어떤 공격에도 미동하지 않고 사람의 마음을 비로소 얻을 수 있다. 그 대표적인 인물인 조조(曹操)와 유비(劉備)다. 속마음이 시커멓기로는 조조가 으뜸이며, 낯이 두껍기로는 유비를 빼놓을 수 없기 때문이다. 그런가 하면 3단계는 '낯이 두꺼워도 형체가 없고, 속이 검어도 색채가 없는' 경지로 아무나 이를 수 없다. 그에 의하면, 3단계까지 이른 이는 옛 성현 몇 사람뿐이라고 한다.

항우는 용맹하기만 할 뿐 '면후심흑'의 이치를 터득하지 못했다. 즉, 얼굴이 두껍지 못했을 뿐만 아니라 뻔뻔하고 음흉하지도 못했다. 부족한 것이 전혀 없었기 때문이다. 그 결과, 인재의 소중함을 알지 못했을 뿐만 아니라 사람 마음을 얻는 데도 실패해 천하 제패를 눈앞에 두고 통한의 눈물을 흘려야만 했다.

대지약우(大智若愚), 스스로 바보가 되다

'유도치국(柔道治國)'의 군주

중국 최초의 통일왕조인 진나라 멸망하자, 천하는 다시 어지러워졌다. 이때 유방이 군사를 일으켜 항우와의 일전 끝에 세운 나라가 바로 한나라로 흔히 '전한(前漢)'이라고 한다.

알다시피, 전한은 건국 후 약 200여 년이 지난 서기 9년 황태후의 조카이자 재상이었던 왕망(王莽)에 의해 멸망했다. 두 살밖에 되지 않은 정안공(定安公)을 황제로 내세운 왕망은 2년여 만에 황제를 폐위하고, 국호를 신(新)으로 정한 후 스스로 황제가 되었다. 하지만 재위 15년 만인 서기 23년 유수(劉秀)에게 살해당하며 1대 15년이라는 매우 짧은 역사를 남긴 채 사라졌다. 그 뒤를 이은 나라가 바로 후한(後漢, 수도를 동쪽으로 이동해서 '동한'이라고도 한다)이다.

그렇게 해서 왕망 때문에 잠시 끊어졌던 한나라는 다시 역사를 이어갈 수 있었다. 즉, 전한과 후한은 사실상 같은 나라로 편의상 둘로 나눠 부르는 것일 뿐이다. 유수 역시 이점을 분명히 했다. 그는 자신이 새로운 왕조를 세운 것이 아닌 한을 다시 일으켰다며, 묘호(廟號, 임금이 죽은 뒤에 그 공덕을 기리어 붙인 이름) 역시 첫째 임금에게 붙이는 태조(太祖)가 아닌 '세조(世祖)'로 정했고, 대수 역시 16대로 세었다. 그가 바로 중국사에서 손꼽히는 명군 중 한 명인 광무제(光武帝)다.

세조 광무황제의 휘는 수(秀)이고, 자는 문숙(文叔)이다. … (중략) … 광무(光武)는 한 왕조를 중흥시켰다는 의미에서 광(光)을, 환란을 평정했다는 뜻에서 무(武)를 썼다.

_《후한서(後漢書)》〈광무제본기(光武帝本紀)〉권1 중에서

한 고조 유방의 후손인 유수는 본래 출세하기보다 평범한 사람으로 살기를 원했다. "벼슬을 한다면 집금오(執金吾), 아내를 얻는다면 음려화(陰麗華)"라는 말을 공공연히 하고 다녔을 정도였다. 집금오는 '미관 말직'을, 음려화는 '아름다운 여인'을 일컫는 말로, 그만큼 야망이라고는 없었다. 그러다 보니 매사에 눈에 띄기보다는 누군가의 뒤에 숨어 자신을 드러내지 않는 경우가 많았다. 군사를 처음 일으켰을 때도, 왕망의 신나라를 격파할 때도 마찬가지였다. 하지만 이는 대의를 만들기 위한 그의 철저한 계략이었다. 그만큼 신중하고, 때를 기다릴 줄 알았다. 군사를 일으킬 때도 완벽한 계획을 세운 후에야 행동했기에 패한 적이 거의

없었다.

광무제의 가장 큰 장점은 너그러움이었다. 아닌 게 아니라, 그에게서는 창업 군주들에게 흔히 보이는 거칠고 파격적인 모습을 찾아볼 수 없다. 이에 후대 학자들은 그의 치세를 '유도치국(柔道治國)'이라고 했다. "부드러운 도리로 천하를 다스렸다"라는 뜻이다. 그만큼 그는 "부드러움이 강함을 이긴다"라는 통치술을 체득한 사람이었다.

천하가 안정되자, 광무제는 일가친척을 모아놓고 잔치를 벌였다. 그 자리에서 백모와 숙모가 그를 가리키며 이렇게 말했다.

"문숙(文淑, 광무제의 어린 시절 이름)은 평소 나서는 일이 없고 부드럽기만 했는데, 어찌 황제가 되었을꼬?"

그 말에 광무제가 이렇게 말했다.

"그렇습니다. 이제부터 천하를 다스릴 때도 부드럽게 할 생각입니다."

— 《후한서》〈광무제본기〉 권1 중에서

권토중래(捲土重來)의 신화를 만들다

"하군(下君)은 자기의 지혜와 힘만 이용하고, 중군(中君)은 모두가 힘을 발휘하도록 하며, 상군(上君)은 모두가 지혜를 모두 발휘하도록 한다."

'제왕학(帝王學)'의 대가 한비자(韓非子)의 말로, "여러 사람의 지혜를 모으는 것이 임금의 도리"라는 뜻이다. 그 말마따나, '상군'은 혼자 다하지 않고, 신하들의 지혜를 활용한다. 당송팔대가(唐宋八大家, 중국 당나라, 송나라 때 활동한 8명의 문학가) 중 한 명인 소동파(蘇東坡)는 이를 '대지약우(大智若愚)'라고 했다. "큰 지혜는 어리석은 것처럼 보인다"라는 뜻으로, 지혜를 가지고 있는 사람은 잔재주를 부리지 않기에 언뜻 보기에는 어리석어 보인다는 말이다.

광무제 유수가 바로 그런 사람이었다. 그는 죽음의 위기에서 벗어나기 위해 마음을 철저 숨기고 일부러 비굴하게 행동하며, 권토중래(捲土重來)의 신화를 만들었다.

어느 날, 그의 큰형 유연(劉縯)이 모함을 받아 경시제(更始帝, 왕망의 신나라를 멸망시킨 후 한나라를 부흥시키고 황제가 되었지만, 2년 만에 죽임을 당해 정통 황제로 인정받지 못했다. 이 시기를 '현한'이라고 한다) 유현(劉玄)에게 죽임을 당했다. 그러자 대부분 유수가 형의 복수를 위해 당장 군대를 몰고 올 것으로 생각했다. 하지만 유수는 의외의 선택을 했다. 복수 대신에 경시제에게 오히려 무릎을 꿇고 "형이 죽어 마땅할 죄를 지었다"라며 용서를 빈 것이다. 상복 역시 입지 않았으며, 말도 거의 하지 않은 채 평상시와 조금도 다르지 않게 행동했다. 그런 그를 사람들은 바보라고 했다. 하지만 이는 그의 대지약우였다. 당장은 자신의 역량이 부족했기에 경시제에 대적할 수 없음을 알고 그의 경계심을 풀기 위해 철저히 바보인 척한 것이다. 그리고 밤이 되면 이불 속에 누워 형의 죽음을 슬퍼하며 복수를 다짐하였다.

경시제가 유연을 죽인 이유는 '곤양대전(昆陽之戰)' 때문이었다. 불과 3천 명의 결사대로 왕망의 42만 대군에 맞선 이 전투에서 유연, 유수 형제는 대승을 거두며 민심을 얻었다. 그러자 두려움을 느낀 경시제는 괜한 트집을 잡아 유연을 죽이고, 유수는 제대로 된 군대도 주지 않은 채 허베이(河北)로 쫓아버렸다. 하지만 그것이 오히려 후한을 세우는 계기가 되었다. 더는 그의 눈치를 보지 않고 자기 세력을 키울 수 있었기 때문이다.

그러던 중 그에게 마침내 기회가 왔다. 근본을 알 수 없는 점쟁이 왕랑(王郞)이 자신을 왕망이 쫓아낸 황손 유자여(劉子輿)라고 칭하며 황족들과 호족들을 규합해서 한단(邯鄲)을 중심으로 반란을 일으킨 것이다. 이에 유수는 허베이 최강자인 진정왕(眞定王) 유양(劉楊)의 조카딸인 곽성통(郭聖通, 광무제의 첫 번째 황후)을 아내로 맞아, 그가 거느리던 10만 대군을 확보해 왕랑의 세력을 격파했다. 그러자 경시제는 유수의 세력이 커진 것을 보도 또다시 두려워했다. 그도 그럴 것이 당시 유수의 군대는 지방 호족과 옛 한나라 관리의 군대까지 흡수해 수십만 명에 육박했다. 이에 '숙왕(蕭王)'이라는 왕호까지 하사하며 유수를 달래려고 했지만, 더는 옛날의 유수가 아니었다. 형이 죽었을 때도 드러내지 않았던 야심을 비로소 내보이기 시작했기 때문이다. 참모들 역시 그런 그의 마음을 알고, 황제가 되라고 거듭 권유했다. 하지만 그는 이때도 민심이 완전히 자신에게 기울기를 기다리며 세 번이나 사양했다. 그러다가 네 번째 권유에 마지못해 허락하는 척하며 낙양(洛陽)을 기반으로 황제 자리에 올랐다. 이때 그의 나이 불과 31세였다. 한 고조 유방이 50대에, 유비가 60세에 제위에 오른 점을 고려하면, 그의 제업(帝業)은 매우 빨랐다고 할 수 있다.

"사람을 가장 잘 쓰고, 전투에 가장 강했던 황제"

광무제가 황제가 된 후 유독 신경 썼던 부분은 공신들에 대한 대우였다. 고락을 함께한 공신들을 그는 유방처럼 숙청하지도 않았고, 그렇다고 해서 무작정 우대하지도 않았다. 공신으로 대우하되, 잘못이 있으면 그 책임을 철저히 물었다. 이에 많은 학자가 논공행상으로 흥한 사례로 광무제를 첫손에 꼽는다.

그런가 하면 광무제는 중국사에 적의 사정을 봐주면서 싸웠던 유일한 황제이기도 했다. 실례로, 전한 성제(孝成皇帝, 전한의 12대 황제)의 숨겨진 자손이라는 유림(劉林)이 그에게 "적미군(赤眉軍, 왕망의 신왕조 말기에 일어난 농민 봉기군)이 황하 동쪽에 진을 치고 있으니, 빨리 공격하면 이들을 모두 물고기 밥으로 만들 수 있을 것입니다"라고 하자, 그는 이렇게 말했다.

"그런 잔인한 방법은 쓰고 싶지 않다."

왕망의 군대를 무찌른 후 궁에서 편지 뭉텅이가 발견되었을 때 역시 마찬가지였다. 하나같이 왕망을 칭송하고, 그를 헐뜯는 내용이 대부분이었다. 그것만으로도 그들을 죽일 명분이 충분했지만, 광무제는 그들을 불러 모은 후 그들 앞에서 편지를 모두 불살라버렸다. 적을 내 편으로 만드는 순간이었다. 그만큼 그는 따뜻한 인품으로 정적을 포용했고, 천하를 여유롭게 제압했다. 이에 제갈량은 위왕 조비의 동생 조식(曹植)과 논쟁하면서 광무제의 위대함에 대해 다음과 같이 말했다.

> 한나라 고조의 개국 공신이 광무제의 개국 공신보다 능력이 훨씬 뛰어나다는 말이 있다. 하지만 그것은 사실이 아니다. 광무제가 너무나 위대한 군주였기에 공신들의 능력이 두드러져 보이지 않을 뿐이다.
>
> _《삼국지》 권35 〈촉서〉 '제갈량전' 중에서_

광무제는 진정 백성을 생각하는 '애민 정신'이 투철한 황제였다. "군사들을 전쟁터에 보낼 때마다 흰 머리카락이 급속히 늘어난다"라며 전쟁터로 출전하는 병사들을 보며 눈물을 흘렸는가 하면, '하늘과 땅 사이에 존재하는 것 중에서 인간이 가장 귀하다'는 '천지인성 인위귀(天地之性 人爲貴)'라는 글을 적어 조서를 내리기도 했다.

물론 광무제에 대한 나쁜 평가가 전혀 없는 것은 아니다. 대표적인 예로 신권을 제압한 것을 들 수 있다. 하지만 이는 그가 신하들의 말을 경청하지 않았기 때문이 아니다. 어떤 황제보다 신하들의 직언을 경청했고, 옳은 말은 적극적으로 받아들일 줄 알았다. 다만, 개국 초기 왕권을 안정시킬 필요가 있었고, 신하들 역시 자기 세력을 공고히 할 필요가 있었기에 암묵적으로 합의했다는 것이 정설이다. 그러다 보니 지방 호족의 성장을 막지 못했다는 비판을 받기도 한다. 그런데도 그가 손꼽히는 명군으로 꼽히는 이유는 자명하다. 제갈량에 말마따나, 그의 능력이 매우 뛰어났을 뿐만 아니라 그를 넘어설 만한 황제가 없기 때문이다.

  광무제는 포용과 기다림의 리더십을 지닌 황제였다. 당장의 복수보다는 자신이 충분한 힘을 기를 때까지 기다렸으며, 천하를 얻기 위해서 원수까지도 끌어안았다. 나아가 큰 위기 없이 본인의 능력만으로 천하를 통일한 최고의 명장이기도 했다. 이에 중국 공산당 주석을 지낸 마오쩌둥(毛澤東)은 광무제에 대해 이렇게 말했다.

  "사람을 가장 잘 쓰고, 학문이 가장 뛰어났으며, 전투에도 가장 강한 황제였다."

천하의 주인은 오직 나뿐

천 가지 얼굴의 소유자

치세의 능신, 난세의 간웅(治世之能臣 亂世之奸雄). "태평성대에는 유능한 신하가 되겠지만, 난세에는 간사한 영웅이 될 것이다"라는 뜻으로, 동한 말 인물평의 대가 허소(許昭)가 조조(曹操)를 두고 한 말이다. 전하는 바로는 조조는 이 말을 듣고 크게 기뻐했다고 한다. 그만큼 야망이 컸기 때문이다.

알다시피, 조조는 매관매직을 일삼던 환관 집안 출신으로 가업을 이어야 했다. 하지만 그에게 환관이라는 가업은 콤플렉스였다. 더욱이 남다른 포부를 지녔기에 환관만으로는 만족할 수 없었다. 무엇보다도 그의 곁에는 그를 믿고 따르는 인재가 넘쳐났다.

결국, 후한 말의 난세는 그를 세상으로 불러냈고, 그는 곧 천하를 주름잡는 맹주가 되었다. 하지만 명성을 얻은 후에도 한동안 독자적인 길을 걸었다. 당시 최고 권력자인 동탁(董卓)의 회유를 뿌리치고 반(反) 동탁의 깃발을 가장 먼저 올렸을 뿐만 아니라 새로운 황제를 옹립하자는 원소(袁紹)의 회유를 뿌리치고 어린 헌제(獻帝)를 옹호한 것이다. 하지만이는 그의 야망을 이루기 위한 명분 쌓기일 뿐이었다. 당시 한 황실이 아무리 힘이 없어도 대부분 사람이 그 권위만은 인정했기 때문이다. 이에조조는 자신의 적을 황실의 적으로 만들고, 헌제를 꼭두각시로 삼기 위해 황제의 후원자를 자청했다. 그리고 이는 그가 패도(覇道)를 이루는데 있어 신의 한 수가 되었다.

조조는 필요에 따라 자유자재로 표정을 바꾸는 '안면 바꾸기'의 달인이었다. 화낼 때는 두 눈을 치켜뜨고 노려보고, 자애로워야 할 때는 그윽한 목소리로 다독여주며, 슬퍼해야 할 때는 눈물을 뚝뚝 흘렸다. 또한, 기뻐해야 할 때는 손뼉을 치며 깔깔 웃기도 했으며, 근엄해야 할 때는 조용히 입술 양쪽 가장자리를 내려뜨릴 만큼 영민하고 처세에 밝았다. 이런 그의 얼굴 바꾸기에는 일관성이 숨어 있다. 그것은 바로 자신의 존재가치를 중원의 평화를 이룩하는 것에 둔 강렬한 자의식이다. 그 때문에기회를 포착하면 누구보다 과감했고, 주변의 눈치를 살피지 않은 채 자신만의 길을 갔다.

유재시거(唯才是擧), 필요하면 적이라도 데려다 써라

백락일고(伯樂一顧). "재능 있는 사람도 그것을 알아주는 사람을 만나야만 빛을 발할 수 있다"라는 말이다.

제아무리 천리마라도 알아주는 이가 없으면 아무 소용이 없다. 천리마를 알아보지 못하는 사람에게는 천리마 역시 보통 말에 지나지 않기 때문이다. 그런 점에서 볼 때 인재를 알아보는 것이야말로 인재 활용법의 기초라고 할 수 있다. 인재를 알아보지 못하면 원하는 인재를 뽑을 수 없을 뿐만 아니라 알맞은 자리에 기용할 수도 없기 때문이다. 역사 속에 명멸해간 수많은 나라의 사례가 그것을 방증한다. 예컨대, 남송(南宋)의 영종(寧宗)은 북벌에 실패한 한평원(韓平原)을 재상으로 삼았는데, 이는 닭 잡는 칼이 소 잡는 데 잘못 사용된 대표적인 예다. 번지르르한 말솜씨에 속아 실전 경험 없는 조괄(趙括)을 중용했다가 망국에 이른 조(趙)나라의 비극 역시 마찬가지다. 반면, 당 태종 이세민(李世民)은 방현령(房玄齡)을 중용해 천하를 얻었고, 유비는 제갈량을 얻어 당당히 삼국의 한 축을 차지할 수 있었다.

많은 사람이 중국사에서 가장 뛰어난 용인술의 대가로 조조를 첫손에 꼽는다. 그만큼 조조는 인재를 알아보고, 그들의 능력을 최고로 끌어낼 줄 알았다.

조조가 인재를 등용할 때 내세운 가장 중요한 원칙은 '유재시거(唯才是擧)'였다. 즉, 능력만 있으면 귀천이나 출신을 가리지 않았고, 자존심쯤은 버릴 줄 알았다. 실용주의적 인재관을 갖고 있었던 셈이다. 이런 그의 인재관은 인재를 모으기 위해 세 차례나 발령한 '구현령(求賢令)'에 잘 나타나 있다.

청렴한 선비라야 등용할 수 있다면 제나라 환공(桓公)이 어찌 패자가 될 수 있었겠는가? 지금 세상에는 주나라를 도와 은나라를 멸망시킨 강태공처럼 삼베옷 입고 맑은 꿈을 품은 채 위수에서 낚시하는 사람이 왜 없겠는가? 한나라 유방을 도왔던 진평(陳平)처럼 형수와 간통하고 뇌물을 받았지만, 추천해준 위무지(魏無知)를 아직 만나지 못한 사람이 왜 없겠는가? 오직 능력만으로 천거하라. 나는 능력 있는 사람을 중용할 것이다.

— 《삼국지(三國志)》 권1 〈위서(魏書)〉 '무제기(武帝紀)' 중에서

조조의 리더십은 90여 명에 이르는 참모에 의해 더욱 빛을 발했다. 핵심 참모만 순유(荀攸), 순욱(荀彧), 가후(賈詡), 종요(鍾繇), 정욱(程昱), 곽가(郭嘉), 동소(董昭), 유엽(劉曄), 장제(蔣濟) 등 9명이었고, 화흠(華歆), 왕랑(王朗), 모개(毛玠), 양무(凉茂), 사마랑(司馬朗), 양습(梁習) 등이 2급 참모로 활동했다.

중요한 것은 그들 대부분이 자발적으로 조조를 찾아왔다는 점이다. "영웅의 출신을 논하지 말라"라는 그의 철학을 높이 샀기 때문이다. 심지어 그중에는 적장 밑에 있다가 온 이도 적지 않았다. 예컨대, 순유, 순욱, 곽가, 허유(許攸)는 본래 원소의 참모였지만, 그의 그릇이 크지 않음을 알고 조조에게 귀의했다. 그런 그들을 조조는 적재적소에 기용하고, 자유롭게 의견을 내도록 독려했다. 또한, 자신과 다른 의견 역시 귀담아

들으며, 뛰어난 계책을 내면 후한 상을 내리기도 했다. 나아가 이런 그의 용인술은 그들을 고무시켰고, 그를 믿고 따르게 하는 힘이 되었다. 그런데도 조조의 인재에 대한 욕심은 끝이 없었다. 남의 재물은 탐하지 않았지만, 눈에 들어온 인재는 자기 사람으로 만들기 위해 갖은 방법을 동원했을 정도였다.

그 대표적인 인물이 바로 관우(關羽)다. 조조는 유비와 도원결의까지 한 관우를 자기 사람으로 만들기 위해 사로잡았다가 일부러 풀어주는 관대함을 보였는가 하면, 자신이 아끼던 적토마를 선물로 주기도 했다. 그런데도 관우의 마음을 얻는 데 실패하자 융숭하게 대접한 후 무사히 돌아가게 했다. 비록 적이었지만, 인재에 대해서만큼은 차별을 두지 않은 것이다. 이에 대해 그와 끝까지 자웅을 겨룬 손권(孫權)은 "지금까지 사람을 얻기 위해 고개를 숙인 영웅은 없다"라며 그의 인재에 대한 욕심에 감탄을 아끼지 않았다.

배신자도 감동하게 한 처세술

조조 역시 전투에서 계속 패하던 때가 있었다. 이때 겁에 질린 군사들은 도망가거나 적에 투항하곤 했다. 이를 본 조조는 "오랜 벗 위충(魏种)만은 끝까지 나를 저버리지 않을 것"이라며 자신했다. 그런데 결국 그마저 달아나자, 화가 머리끝까지 나서 그를 붙잡으면 가만두지 않을 것이라고 했다. 하지만 정작 군사들이 그를 붙잡아오자 '재능 있는 사람'이라며 다시 중용했다. 그리고 이 소식이 알려지자 도망갔던 이들 역시 하나둘씩 돌아오기 시작했다.

이렇듯 조조는 처세에도 매우 뛰어났다. 4천여 명밖에 되지 않던 병력을 불과 몇 년 만에 수십 배 이상으로 만든 것이 그 방증이다. 그 비결은 실리(實利), 즉 당근과 채찍이었다.

조조는 누구보다 실질적인 효과와 이득에 밝았다. 그는 용인술에서도 이를 충분히 활용했다. 예컨대, 그는 아무리 작은 공이라도 그냥 지나치는 법이 없었다. 전투에서 승리하면 그 공을 모두에게 돌렸고, 장수부터 병졸에 이르기까지 한 명도 빼놓지 않고 상을 주며 그 노고를 치하했다. 패전했을 때도 질책하기보다는 자신에게 책임을 돌리며 장수들과 병사들의 마음을 먼저 헤아렸다. 성공의 열매는 부하들에게 돌리고, 실패의 책임은 온전히 자신이 진 셈이다. 그러니 군사들의 사기가 하늘을 찌를 듯이 높은 것이 당연했고, 너나 할 것 없이 그를 위해 목숨을 다해 싸웠다. 이를 두고 조조는 이렇게 말했다.

"누군가의 실수를 탓하는 것은 올바른 자세가 아니다. 항상 나의 잘못을 먼저 인정하는 것이 처세의 기본이다."

그런 조조가 용서하지 않은 것이 하나 있었다. 바로 군령을 어기는 것이었다. 한번은 원정길에서 한창 수확기에 이른 백성의 곡식을 한 톨이라도 밟지 말라고 엄명을 내렸다. 그런데 그만 그가 탄 말이 뭔가에 깜짝 놀라 날뛰면서 곡식을 밟고 말았다. 그 즉시, 그는 투구를 벗고 칼을 빼 들었다. 하지만 한사코 말리는 장수들 때문에 말을 죽이지는 못하고, 자기 머리카락을 대신 잘랐다. 자신을 '곤형(髡刑))'에 처한 것이다. 곤형이란 고대 중국의 형벌의 하나로 죄인의 머리털을 깎는 것을 말한다. 따라서 조조가 자기 머리카락을 잘랐다는 것은 스스로 죄인임을 인정한 것이었다.

이렇듯 조조는 항상 모범을 보이며, 한번 말한 것은 끝까지 책임지고자 했다. 이에 《삼국지》의 저자 진수는 조조에 대해 이렇게 말했다.

한나라 말 천하에 대란이 일어 영웅호걸이 함께 봉기하니, 원소가 사주(四州)에서 호시(虎視, 범처럼 노려봄)함에 강성하여 대적할 자가 없었으나, 태조(조조)가 주략과 지모를 내어 우내(宇內, 천하)를 편달(鞭撻, 독려함)했다. 신불해(申不害)와 상앙(商鞅)의 법술(法術)을 취하고, 한신(韓信)과 백기(白起)의 기책(奇策)을 갖추었고, 관직은 재능에 따라 부여하되, 각각 그 그릇에 맞게 썼으며, 사사로운 감정을 억제하고 냉정한 계산에 임해 옛 허물을 염두에 두지 않았다. 마침내 황기(皇機, 황제의 정무)를 능히 총람(總攬)하고, 홍업(洪業)을 이룬 것은 밝은 지략이 뛰어났기 때문이니, 가히 비상한 인물로 초세지걸(超世之傑)이라고 할 만하다.

— 《삼국지》 권1 〈위서〉 '무제기' 중에서

이런 모습이 때로는 그를 통 크고 관대한 사람처럼 보이게 했다. 하지만 이는 그의 수많은 모습 중 하나였을 뿐이다. 그만큼 조조는 변화무쌍했고, 다양한 얼굴을 갖고 있었다.

지나친 자의식의 말로

조조는 의심이 많아서 다른 사람을 자주 시험하곤 했다. 또한, 독선적이고 경솔해서 성급하게 일을 처리했다. 그러다 보니 실수가 잦았다. 예컨대, 그는 "지난날의 악연은 염두에 두지 않는다"라며 장남 조앙(曹昻)을 죽인 가후를 중용했는가 하면, 아무리 출중한 인재라도 믿을 수 없으면 즉시 제거하는 이중적인 모습을 보였다. 누구보다도 강한 자기애의 소유자였던 셈이다. 그의 강렬한 자의식을 보여주는 말이 있다. "내가 세상 사람을 버릴지언정, 세상 사람이 나를 버리게 하지는 않겠다(寧敎我負天下人, 休敎天下人負我)"라는 말이 바로 그것이다.

동탁 암살에 실패한 후 도망치던 중 현령으로 일하던 진궁(陳宮)에게 붙잡혔을 때의 일이다.

진궁의 호의로 목숨을 구한 조조는 그와 함께 도망치던 중 아버지 조숭(曹嵩)의 의형제인 여백사(呂伯奢)의 집에 하룻밤 머물게 되었다. 여백사는 진궁이 조조를 구해준 이야기를 듣고 마치 친아들을 구해준 것처럼 감사를 표하고, 후하게 대접하기 위해 가족에게 돼지를 잡으라고 한 채, 술을 사러 옆 마을에 다니러 갔다. 하지만 그 사실을 몰랐던 조조는 여백사의 가족이 칼을 갈자 자신을 죽이려는 것으로 오해하고, 그들을 모두 죽이고 말았다. 심지어 외출 후 돌아온 여백사마저 죽였다. 그러고는 함께 있던 진궁에게 이렇게 말했다.

"내가 세상 사람을 버릴지언정, 세상 사람이 나를 버리게 하지는 않겠다."

생각건대, 조조의 삶을 이보다 더 정확히 보여주는 말은 없을 것이다.

그래서일까. 많은 사람이 조조를 천하의 둘도 없는 간사한 영웅, 즉 '간웅'으로 알고 있다. 반면, 유비는 유약하지만, 어질고 관대한 군주라고 말한다. 그런 이미지가 생긴 것은 나관중 때문이다.

《삼국지연의》의 저자인 나관중은 촉한(蜀漢)만이 한나라의 정통성을 이은 나라로 생각했다. 그러다 보니 유비와 제갈량을 비롯한 촉의 인물은 높이 평가하고 영웅으로 떠받든 반면, 다른 인물은 철저히 평가절하했다. 그 가장 큰 피해자는 바로 조조였고, 이는 지금까지도 많은 사람이 조조에 대한 편견을 지닌 한 원인이 되었다. 이에 조조를 연구하는 학자들은 《삼국지연의》를 통해 조조를 관찰하는 것은 바른 방법이 아니라고 말한다. 조조의 참모습을 제대로 살필 수 없기 때문이다.

알다시피, 조조와 유비는 전혀 다른 리더십을 지니고 있었다. 후한 말천하를 다투던 군웅의 맨 앞자리에 섰던 조조는 수많은 역경을 도전으로 극복했다. 그만큼 지략이 뛰어났고, 풍부한 식견을 갖고 있었다. 반면, 유비는 한동안 실패를 거듭했을 뿐만 아니라 그때마다 후원자를 찾아 몸을 숨기는 후안무치한 모습을 보였다. 공손찬(公孫瓚)의 도움을 받아 여포(呂布)에게 의지했는가 하면, 조조에게 붙었다가 원술(袁術)과 원소(袁紹)의 품에 뛰어들기도 했으며, 숙적인 손권(孫權)과 동맹을 맺기도 했다. 그러니 당시 수많은 인재가 유비가 아닌 조조 곁으로 모여든 것은 어쩌면 당연한 일이었다. 그런 조조가 나관중의 눈에 좋게 보일리 없었다.

다행히 현대에 들어서 조조의 뛰어난 능력에 대한 조명이 이루어졌다. 이에 중국 현대 문학의 출발점이자 현대 사상의 거장으로 불리는 루쉰(魯迅)은 조조에 대해서 이렇게 말했다.

"내가 비록 조조와 한패는 아니지만, 이유 여하를 막론하고 그를 매우 존경한다. 그만큼 그는 대단한 사람이며, 영웅이다."

하지만 그에 대한 부정적인 평가 역시 만만치 않다. 그만큼 그는 다양한 얼굴을 갖고 있다. 그 때문에 어떤 관점에서 보느냐에 따라 그에 대한 평가 역시 달라질 수밖에 없다. 그럼에도 불구하고, "간사하고, 교활했으며, 사람을 쉽게 죽였다"라는 혹독한 비판은 결국 그가 감당해야 할 몫이다.

유연하고, 약한 것이 강한 것을 이긴다

"덕(德)은 득(得)이다"

"현명한 군주는 두 개의 손잡이를 가지고 신하를 통제해야 한다."

춘추전국시대 말기 법가 사상가이자 '제왕학(帝王學)'의 대가인 한비자의 말이다. 두 개의 손잡이란 '형(刑)'과 '덕(德)'을 말한다. 한비자는 이 두 가지를 잘 조화시켜 나가야만 나라를 잘 다스릴 수 있다고 강조했다.

신하 된 자들은 처벌받는 것을 두려워하고, 칭찬받고 상 받는 것을 이롭게 여긴다. 따라서 군주가 직접 형과 덕을 관장하면 그 권위를 두려워하여 이로운 쪽으로 돌아갈 것이다. 그러나 세상의 간신들만은 예외다. 그들은 미워하는 자가 있으면 군주로부터 형벌의 권한을 얻어내 미워하는 자에게는 죄를 씌우고, 좋아하는 자에게는 군주에게서 포상의 권한을 얻어내어 상을 준다. 만일 군주가 상벌의 권위와 이익을 스스로 내지 못하고 신하의 말만 듣고서 상벌을 시행한다면, 온 나라의 백성은 모두 그 신하만 두려워하고 군주를 가볍게 여길 것이다. 이는 군주가 형과 덕을 잃었기에 생겨나는 환란이다. 무릇, 호랑이가 개를 복종시킬 수 있는 이유는 발톱과 이빨을 지녔기 때문이다. 만일 호랑이에게서 발톱과 이빨을 떼어 개에게 준다면 호랑이가 도리어 개에게 복종할 것이다.

《한비자》 제7편 〈이병(二柄)〉 중에서

그런가 하면 《맹자(孟子)》 〈공손추(公孫丑)〉 하편에 '득도다조(得道多助)'라는 말이 나온다. "도를 얻으면 도와주는 사람이 많다"라는 뜻이다. 여기서 말하는 도(道)란 '남에게 베풀기를 즐기며 덕을 쌓아 사람의 도리를 다하는 것'을 말한다.

무력이나 재력으로는 몸을 붙잡을 수는 있지만, 마음을 얻을 수는 없다. 하지만 덕을 행하면 마음마저 얻을 수 있다. 그 때문에 한비자는 "덕(德)은 득(得)이다"라고 했다. 덕을 통해 사람의 마음을 얻을 수 있기 때문이다. 아닌 게 아니라, 군주의 덕은 탁월한 신하를 얻을 수 있는 능력이기도 하다. 그 대표적인 인물이 바로 《삼국지》의 유비다. 알다시피, 유비는 비록 능력은 조조보다 부족했지만, 따뜻한 인품으로 관우(關羽)와 장비(張飛), 제갈량 같은 천하기재를 부하로 삼을 수 있었다.

난득호도(難得糊塗)의 삶

'난득호도(難得糊塗)'라는 말이 있다. 청나라의 문인 정판교(鄭板橋,

본래 이름은 정섭. '판교'는 그의 호)가 한 말로, "바보인 척하기는 매우 어렵다"라는 뜻이다. 혼란한 세상에서 함부로 능력을 드러내 보이면 화를 당하기 쉬우므로 "자신을 철저히 감추며 바보인 척 살라"는 그만의 처세술인 셈이다.

손자(孫子) 역시 그와 비슷한 말을 했다.

"상대의 의도는 드러나게 하고, 나의 의도는 보이지 않게 해야 이길 수 있다(形人而我無形)."

아닌 게 아니라, 생존을 위한 위장술로 이보다 더 좋은 방법은 없다. 자신이 지닌 패를 모두 보여주는 것은 하수(下手)에 지나지 않기 때문이다.

진정한 고수일수록 자신을 숨기는 데 능숙하다. 그런 점에서 볼 때 유비는 진정한 고수였다. 동네 건달 출신에 다혈질이고, 매우 오만했던 그는 속마음을 숨기기 위해 천둥소리에 놀라는 척하며 들고 있던 숟가락을 떨어뜨리는 유약한 모습을 보였는가 하면, 어리석은 행동을 일삼았다. 또한, 철저한 이미지 관리를 통해 인자하고, 너그러운 사람으로 자신을 각인시키는 데 성공했다.

여포(呂布)와의 싸움에서 패해 오갈 곳이 없어진 유비가 조조에게 몸을 의탁하던 때의 일이다. 전장을 누비며 천하 경략의 큰 뜻을 키우던 그는 갑자기 채소를 가꾸기 시작했다. 그 모습을 본 관우와 장비가 답답해하며 그 이유를 묻자, 그는 이렇게 말했다.

"두 사람이 아직 모르는 것이 있어⋯."

유비는 살아남기 위해서 겁 많고 소심한 범부(凡夫)로 위장할 수밖에 없었다. 여기서 나온 말이 '도광양회(韜光養晦)'로 "자신을 드러내지 않고, 때를 기다리며 실력을 키운다"라는 뜻이다.

머리 좋고, 의심 많은 조조에게 몸을 의탁한 유비가 목숨을 보전하려면 자신을 철저히 숨겨야 했다. 함부로 능력을 드러냈다가는 언제든지 목이 달아날 수 있었기 때문이다.

사실 유비의 이름인 '비(備)'에는 두 가지 뜻이 담겨 있다. '참으면서 준비한다'라는 것과 '모두 갖추었다'라는 것이 바로 그것이다. 그런가 하면 그의 자(字)는 더 특별하고 무게감 있다. 유비의 자는 '현덕(玄德)'으로 '현묘한 덕'이라는 뜻이다. 노자(老子)는 '현덕'에 대해서 이렇게 말했다.

> 낳고도 소유하지 않고, 행해도 그 공에 의지하지 않으며, 길러도 주재하지 않는 것을 이르러 '현덕(玄德)'이라고 한다(生而不有, 爲而不恃, 長而不宰, 是謂玄德).
>
> — 노자, 《도덕경(道德經)》 제56장 중에서

이를 해석하면, "자신의 것이라도 다른 사람과 함께 나누며(生而不有), 어떤 일이건 과장하거나 만족하지 않고 겸허하게 행동하고(爲而不恃), 자기 생각을 강요하지 않고 권한을 이양하고 부여할 줄 알아야 한다(長而不宰)"라는 것이다. 또한, 노자는 "덕으로 마음을 얻으려면 자신의 속내를 보이지 말아야 한다"라고 했다. 이에 유비는 노자의 그 가르침을 잠시도 잊지 않고 몸을 낮추고, 어리석은 사람으로 보여가며 상대의 경계심을 풀었다.

도광양회(韜光養晦), 낮춤의 리더십

유비 처세술의 가장 큰 특징은 낮춤, 즉 '덕(德)'이다. 짚신을 만들어 팔던 가난한 장사치에 불과했던 그가 조조, 손권과 같은 준비된 영웅들과 자웅을 겨룰 수 있었던 이유 역시 바로 거기에 있다.

그는 한 황실의 종친이었지만, 집이 가난해서 하루하루 연명하는 삶을 살아야 했다. 한눈팔 틈조차 없었다. 하지만 신중한 행동거지와 인자한 마음 씀씀이로 인해 일찍부터 이름을 알릴 수 있었고, 기회가 찾아오자 마침내 능력을 발휘하기 시작했다. 그 시작은 자기보다 뛰어난 인재를 자기 사람으로 만드는 것이었다.

알다시피, 유비는 황건적의 난을 진압하면서 관우, 장비와 도원결의(桃園結義)로 의형제를 맺으면서 처음으로 자신의 군대를 가졌다. 하지만 군대를 통솔하고 계책을 세울 군사(軍師)가 없었기에 항상 패배를 면치 못했다. 그러다가 우연히 사마휘(司馬徽)를 만나 "복룡(伏龍, '숨어 있는 용'이라는 뜻으로 세상에 잘 알려지지 않은 숨은 인재를 말함)과 봉추(鳳雛, '봉황의 새끼'라는 뜻으로 지략이 뛰어난 사람을 말함) 같은 인재를 얻어야 천하를 얻을 수 있다"라는 말을 듣고, 자존심 따위는 접어둔 채 제갈량을 세 번이나 찾아갔다. 이른바 '삼고초려(三顧草廬)'한 것이다. 하지만 두 번은 허탕을 쳐야 했고, 세 번째 찾아간 날에도 쉽게 만날 수 없었다. 만일 유비가 평범한 사람이었다면 그쯤에서 포기하거나 제갈량의 목을 베었을 것이 틀림없다. 하지만 유비는 제갈량을 군사(軍師)로 삼기 위해 자신을 한없이 낮추었다. 당시 유비는 나이 50을 바라보고 있었을 뿐만 아니라 조조의 맞수로서 이름을 크게 떨치고 있었다. 그런데 자기보다 스무 살이나 어린 사람, 그것도 능력조차 제대로 증명되지 않은 백면서생을 세 번씩이나 찾아가서 극진히 모신 것이다.

결국, 그런 유비의 인품에 반한 제갈량은 유비와 그의 아들 유선(劉禪)을 섬기며 충성을 다했다. 유비 사후, 제갈량이 위(魏)를 정벌하기에 앞서 유선에게 바친 출사표(出師表)에 그 충절이 잘 나타나 있다.

선주는 홍의(弘毅, 포부가 크고 굳셈) 관후(寬厚, 너그럽고, 후함)하고, 지인(知人) 대사(待士, 선비를 잘 대우함)하니, 한 고조의 풍채와 태도, 영웅의 그릇을 갖추었다. 나라를 들어 제갈량에게 탁고(託孤)했지만, 마음에 두 갈래가 없었으니, 실로 군신의 지공(至公, 지극히 공정함)함은 고금의 성궤(盛軌, 모범)라고 할 수 있다. 기권(機權, 기지와 임기응변), 간략(幹略, 재능과 모략)은 위무제(魏武帝, 조조)에 미치지 못했기에 그 영토는 협소했다. 그러나 꺾일지언정 굽히지 않고 끝내 다른 사람 아래에 있지 않았다.

—《삼국지》권35 〈촉서〉 '제갈량전' 중에서

유비의 따뜻한 인품을 알 수 있는 일화가 또 하나 있다. 훗날 촉의 오호대장군(五虎大將軍, 촉한의 다섯 명장인 관우, 장비, 마초, 황충, 조자룡)

이 되어 큰 공을 세운 마초(馬超)와의 사이에 있었던 일이다.

귀족 출신인 마초는 장로(張魯)의 모함으로 인해 유비에게 투항했지만, 단 한 번도 그를 군주로 생각하지 않았다. 겉으로는 복종했지만, 마음은 여전히 적대시했기 때문이다. 그 때문에 유비를 '현덕공(玄德公)'이라고 부르며 관우와 장비의 화를 돋우곤 했다. 하지만 정작 당사자인 유비는 전혀 신경 쓰지 않았다. 오히려 두 사람을 달래며, 끝까지 예로써 마초를 대했다. 결국, 유비의 인품에 감동한 마초는 호칭을 바꾸고 유비를 군주로 섬겼다.

말했다시피, 유비는 실패를 통해 성장했다. 수많은 실패를 통해 자신의 한계를 배웠고, 자신을 낮추는 법을 스스로 터득했다. 그것을 일컬어 어떤 이들은 그를 무능하고 유약하다고 하지만, 그가 아니었다면 천하는 일찌감치 조조의 차지가 되었을 것이다.

오만한 사람 곁에는 사람이 머물지 않는다

유비는 조조나 손권과 비교했을 때 매우 평범한 인물이었다. 또한, 가진 자원도 적었을 뿐만 아니라 출발 역시 매우 늦었다. 하지만 그런 상황 속에서 수많은 난관과 실패를 극복하고, 결국 삼국의 한 축을 담당하며 영웅으로 자리매김했다. 이렇다 할 세력도, 특출한 능력도 없던 유비가 천하를 삼분할 수 있었던 이유는 과연 무엇일까.

그는 타고난 재능은 조조와 손권보다 뛰어나지 않았지만, 사람을 알아보는 데 밝았고, 예의와 겸손으로써 사람을 대했으며, 인재를 매우 중요하게 생각했다. 특히 오랜 세월 수많은 사람과 부대끼고 실패를 거듭하면서 인재를 꿰뚫는 통찰력을 지니게 되었는데, 이는 단순히 인재를 아끼는 것과는 달랐다. 인재를 아끼는 것은 누구나 할 수 있지만, 그 능력을 파악하고 적재적소에 쓰는 일은 아무나 할 수 있는 일이 아니기 때문이다. 그런 점에서 볼 때 유비야말로 '군이지인위명(君以知人爲明, 군주는 인재 알아봄으로써 밝아진다)'을 제대로 알고 실천한 리더라고 할 수 있다. 만일 유비가 주위 사람들의 말만 듣고, 자존심 따위나 신경 썼다면 제갈량을 비롯해 관우, 장비, 조운(趙雲, 흔히 '조자룡'으로 불린다) 같은 장수들의 마음 역시 얻을 수 없었을 뿐만 아니라 우리가 아는 《삼국지》역시 없을 것이다.

《육도삼략(六韜三略)》에 '유능제강(柔能制剛)'이란 말이 있다. '부드러운 것이 강한 것을 이긴다'라는 말로, 아무리 강한 힘이라도 부드러움으로 대응하는 것에 당할 수는 없다는 뜻이다.

알다시피, 유비와 조조는 매우 대조적인 리더십을 지니고 있다. 유비는 주변 사람의 힘을 곧 자신의 힘으로 만드는 장점이 있었다. 그만큼 겸손하고, 부드러웠다. 그 때문에 비록 유약했지만, 사람의 마음을 얻을 수 있었다. 반면, 조조는 강한 카리스마를 지니고 있었기에 싸움에서 높은 승률을 올릴 수 있었지만, 제갈량 같은 참모를 갖지 못했다. 대부분이 그를 두려워하고 어려워했기 때문이다. 그런 점에서 볼 때 난세를 헤쳐 나가려면 강한 카리스마보다는 머리를 숙이는 지혜를 지녀야 한다. 오만한 사람 곁에는 사람이 머물지 않기 때문이다.

많은 사람이 유비를 우유부단하고, 무능한 리더십의 전형으로 꼽는다. 하지만 이는 옳지 않다. 그가 정말 무능한 사람이었다면 백성과 부하들의 마음 역시 얻지 못했을 것이기 때문이다.

유비는 인재를 꿰뚫는 날카로운 통찰력을 갖고 있었다. 또한, 아무리 아랫사람이라도 예로써 대했고, 그 사람이 능력을 발휘할 때까지 참고 기다릴 줄 알았다. 한마디로 덕장이었던 셈이다. 이것이 그가 수많은 영웅호걸을 제치고 끝까지 조조와 끝까지 자웅을 겨룰 수 있었던 비결이자, 많은 사람이 그를 배우려는 이유다.

빼앗으려면 반드시 먼저 주어야 한다. 이를 '미명(微明, 겉으로 드러나지 않는 밝음)'이라고 한다. 모름지기 유연하고, 약한 것이 강한 것을 이기는 법이다(將欲奪之 必姑予之 是謂微明 柔弱勝强).

— 노자, 《도덕경(道德經)》 제36장 중에서

세상에 완전한 흰털을 가진 여우는 없다

열아홉 살의 어린 군주

서기 200년 5월, 강동의 젊은 군주 손책(孫策)이 죽었다. 광릉 태수 진등(陳登)과의 접전을 앞두고 단도(丹徒)에 머물던 중 얼굴을 피격당한 후유증 때문이었다. 그 주동자는 허소(許昭)였다.

그에 앞서 오군 태수 허공(許貢)이 헌제에게 밀서를 보내려다가 발각되는 사건이 있었다. 거기에는 손책을 비방하는 말이 쓰여 있었다.

> 손책은 용맹한 자로 항우와 비슷한 부류이니 마땅히 총애를 더하여 경읍(허도)으로 불러들이는 것이 좋겠습니다. 조서를 받들면 들어오지 않을 수 없을 것이나, 외방에 놔둔다면 반드시 세상을 어지럽히게 될 것입니다.

《삼국지》 권46 〈오서〉 '손책전' 중에서

손책은 당장 허공을 불러 심문했다. 허공은 끝까지 그런 적이 없다고 했지만, 결국 죽고 말았다. 허소는 허공의 친구였다. 즉, 그는 친구의 원수를 갚기 위해 손책을 피격한 것이었다.

그렇게 해서 손책의 어린 동생이 뒤를 이었다. 그가 바로 손권(孫權)이다. 형의 뒤를 이은 손권이 가장 먼저 한 일은 우는 것이었다. 계속 울기만 하는 그를 보다 못한 그의 어머니 무열황후(武烈皇后)가 말릴 정도였다. 이 모습만 보면 손권이 매우 유약한 인물이라고 생각할 수 있다. 하지만 그는 절대 만만한 사람이 아니었다. 마음속에 큰 야망을 숨기고 있었기 때문이다.

그때 손권의 나이는 겨우 19세에 불과했다. 경쟁자였던 조조가 40세에 천하에 이름을 알렸고, 유비가 50세가 다 되어 겨우 작은 성 하나를 차지한 점을 고려하면, 그의 시작은 매우 빨랐던 셈이다. 그런데 문제가 있었다. 그의 지지 세력이 매우 약하다는 것이었다. 더욱이 핵심 참모인 장소(張昭)마저 동생 손익(孫翊)이 후계자로 더 낫다고 말할 정도였으니, 그의 영(令)이 제대로 설 리 없었다. 아니나 다를까, 그를 못 미더워하는 이들이 조조에게 편지를 보내 강동을 통째로 바치려고 한 일이 곧 일어났다. 그 주동자는 다름 아닌 그의 사촌 형 손보(孫輔)였다. 손권은 장소와 함께 즉시 그를 심문했지만, 손보는 끝까지 부정했다. 편지를 보여주자, 그제야 몹시 부끄러워하며 아무 말도 하지 못했다. 이에 손권은 그의 일가와 측근을 모두 죽인 후, 그 역시 유폐시켰다. 하지만 그것이 끝이 아니었다. 손책의 부하였던 여강 태수 이술(李術)이 반란을 일으켰기 때문이다. 이술은 손권을 애송이로 생각하며 따르지 않았는데, 그와 뜻을 같이하는 이들이 하나둘씩 모여들자 더욱더 교만해졌다. 손권이 그들을 보내 달라고 거듭 요청했지만, 그는 "중모(仲謀, 손권의 자)가 덕이 없는 탓에 자신을 따르는 것"이라며 단박에 거절했다. 그렇다고 해서 섣불리 움직일 수도 없었다. 조조의 군대가 지척에 있었기 때문이다. 이에 손권은 조조에게 다음과 같은 편지를 보냈다.

엄자사(양주 자사 엄상)는 옛날에 공에게 기용되었으며, 한 주가 임명한 장수였음에도 이술이 해치고 말았습니다. 한나라의 제도를 범한 무도한 그자를 신속히 죽여 없애야 합니다. 이제 이술을 치려는 바, 이는 한편으로는 국조를 위해 흉악한 무리를 없애려 함이요, 다른 한편으로는 장수의 원수를 갚기 위함입니다. … (중략) … 이술은 반드시 거짓을 꾸며 구원을 요청할 것입니다. 명공께서는 아형(阿衡)의 벼슬에 계시면서 해내에서 우러러보고 있으니, 바라건대 집사에게 칙령을 내려 그의 요청을 들어주지 마십시오.

ㅡ《삼국지》 권47 〈오서〉 '강표전' 중에서

조조가 임명한 엄상(嚴象)의 원수를 갚기 위해 이술을 친다면서 그를 절대 돕지 말라고 요청한 것이다. 그러고는 곧 이술을 공격했다. 이때 이술은 성문을 닫고, 조조에게 구원을 요청했지만, 끝내 조조의 군대는 나타나지 않았다. 이로써 손권은 첫 친정 전투에서 승리한 것은 물론 비로소 입지를 넓힐 수 있었다.

'이인자의 철학'을 실천한 통합의 리더십

창업이수성난(創業易守成難). "어떤 일을 시작하기는 쉽지만, 이룬 것을 지키기는 어렵다"라는 뜻이다. "공성보다 수성이 어렵다"라는 말로 대신하기도 한다. 그런 점에서 볼 때 손권은 창업과 수성에서 모두 성공했다고 할 수 있다. 채 스물이 되지 않은 나이에 최고의 자리를 물려받아 무려 50여 년 동안 그 자리를 지켰기 때문이다.

손자는 인재가 갖춰야 할 자질로 적에게 지지 않는 지혜와 용기, 신의, 위엄이 있어야 한다고 했다. 문제는 한 사람이 이런 능력을 모두 지니기란 매우 어렵다는 것이다. 그러다 보니 몇 사람의 뛰어난 인재를 찾아서 부족한 부분을 서로 보완하는 것이 필요하다. 그것을 제대로 실천한 사람이 바로 손권이었다.

그는 항상 차선책을 구하고, 일 보 후퇴해서 상황이 호전되기를 기다리는 '이인자의 철학'을 실천했다. 또한, 독단적으로 행동하기보다는 인재를 고루 등용하여 그들과 협의를 통해 각자의 능력을 최대한 발휘하게 했다. 이에 신하의 장점은 존중하고, 단점은 지적하지 않는 유연함을 통해 내부 반발을 잠재우며 수많은 난관을 극복했다. 통합의 리더십을 지녔던 셈이다. 그 결과, 대세를 쥐고 흔들만한 특별한 재능이 없었음에도 삼국의 지도자 중 가장 오랫동안 황제 자리를 지킬 수 있었다. 이와 관련해서 그는 이렇게 말했다.

> 세상에 완전한 흰털을 가진 여우는 없다. 그러나 여우 털로 만든 완벽하게 흰옷은 있다. 이는 여러 사람의 노력으로 가능하다. 여러 사람의 힘을 쓸 수 있다면, 천하에 대적할 자가 없고, 여러 사람의 지혜를 쓸 수만 있다면 성인의 지혜도 두렵지 않다.
>
> —《삼국지》권47 〈오서〉 '오주전' 중에서

단, 그가 인재를 등용하는 데는 한 가지 전제 조건이 있었다. 믿을 수 없는 사람은 처음부터 아예 쓰지 않았으며, 한 번 믿은 사람은 끝까지 믿었다는 것이다. 그 대표적인 인물이 바로 노숙(魯肅)과 여몽(呂蒙), 제갈근(諸葛瑾), 육손(陸遜)이다. 실례로, 그는 전쟁에서 총사령관을 맡기는 했지만, 모든 권한을 주유(周瑜)에게 주었고, 외교와 병참에 관한 권한은 노숙에게 일임한 후 절대 참견하지 않았다. 또한, 여몽이 병에 걸렸을 때는 조금이라도 몸이 나빠지면 자신이 더 침울해하고, 좋아지면 상을 내렸다. 심지어 그의 집에 몰래 구멍을 내어 병세를 몰래 지켜보기도 했다.

주목할 점은 그가 아낀 인재의 상당수가 보잘것없는 가문 출신이거나 외부에서 이주한 가문 출신이었다는 것이다. 이는 앞서 말했다시피, 지지 세력이 약했던 그가 철저히 의도한 것이었다. 그를 반대하던 세력을 제압하려면 어떻게든 친위 세력을 육성할 필요가 있었는데, 그 대안으로 떠오른 것이 바로 그들이었기 때문이다.

그렇다고 해서 그의 인재 정책에 전혀 실수가 없었던 것은 아니다. 방통(龐統)을 등용하지 않은 것이 대표적인 예다. 방통의 재능을 알아본 노숙이 그를 등용할 것을 요청했지만, 단지 못생겼다는 이유로 그를 퇴짜놓았다. 알다시피, 방통은 지략으로 제갈공명과 쌍벽을 이뤘던 인물로, 둘 중 한 명만 데리고 있어도 천하를 얻을 수 있다는 말이 돌았을 만큼 그 명성이 높았다. 따라서 그가 만일 방통을 등용했다면 삼국의 역사가 전혀 다른 방향으로 전개되었을지도 모른다.

현군(賢君)과 암군(暗君) 사이

손권은 황제였지만, 누구보다도 검소했다. 다른 황제들과 달리 의복이 매우 소박했을 뿐만 아니라 노복과 궁녀 역시 100명이 채 넘지 않았고, 궁궐에도 특별한 조각이나 장식을 하지 않았다. 그러니 신하들 역시 함부로 사치하기가 힘들었다. 오죽하면《삼국지》의 저자 진수 역시 그를 일컬어 매우 인색하다고 했을 정도다. 하지만 백성들에게 자신의 것을 베푸는 데는 전혀 인색하지 않았다. 추운 날 홑옷 입은 백성에게 자신의 비단옷을 벗어주었는가 하면, 길거리에 있는 유골을 수습해서 매장하기도 했다.

그런 점에서 볼 때 그야말로 한 나라의 군주다운 모습을 보인 진정한 현군(賢君)이었다고 할 수 있다. 하지만 두 번째 수성에는 결국 실패하고 말았다. 갈수록 신하들의 간언을 멀리하고 비위에 거슬리면 가차 없이 죽였기 때문이다. 더욱이 후계자 발탁에도 실패해 장남 손등(孫登)이 33

세에 죽고 말았다. 겨우 10살밖에 되지 않은 막내아들 손량(孫亮)이 뒤를 이었지만, 그도 오나라도 결국 역사의 뒤안길로 사라졌다. 그러다 보니 그에 대한 호불호 역시 극명하게 갈린다. 물론 부정적인 평가보다는 긍정적인 평가가 훨씬 많다.

실례로, 진수는 그를 "뛰어난 재주를 지녔던 인물 중의 걸물"이라고 했고, 마오쩌둥 역시 "제갈량을 제외하고, 권이 아니라면 누가 과연 조조에 맞설 수 있었을 것인가?"라며 그를 매우 높이 평가했다. 그런가 하면 동진의 역사가 손성(孫盛)은 "오나라가 빨리 망한 것이 손권의 잔인함 때문"이라고 했다. 실제로 말년에 이르러 그는 심우(沈友)가 자신을 따르지 않는다며 죽였는가 하면 덕망이 높았던 성헌(盛憲)을 죽였고, 한때 누구보다 아꼈던 육손(陸遜)을 죽음으로 내몰기도 했다. 현군에서 암군(暗君)으로 바뀐 셈이다.

어쨌거나 그는 천하를 삼분하며 난세를 헤쳐 나온 풍운아였다. 하지만 동시대 활약했던 조조와 유비와 비교해서 큰 관심을 받지는 못했다. 조조와 유비가 창업자로서 서로 경쟁하며 끝까지 대결한 반면, 그는 아버지와 형으로부터 자산을 물려받았을 뿐만 아니라 공격보다는 수성에 치중하며 철저히 실리를 추구했기 때문이다. 그러니 다른 사람 처지에서 보면 큰 매력 없는 인물로 보였을 수도 있다.

그렇다고 해서 그의 영웅으로서의 면모가 조조나 유비보다 떨어지는 것은 절대 아니다. 그보다 더 좋은 유산을 물려받았지만, 자기 땅을 지키지 못한 채 사라진 군웅 역시 수두룩하기 때문이다. 그에 반해, 그는 끊임없이 전쟁을 벌어지던 난세에 50여 년 동안 그 자리를 지켰을 뿐만 아니라 오(吳)를 천하의 한 축으로 당당히 올려놓고, 결국 황제의 자리에까지 올랐다. 이것만으로도 그의 능력은 충분히 빛난다고 할 수 있다. 다만, 말년의 연이은 실정이 모든 공과 업적을 옭아매는 족쇄가 되어 버려 안타까울 뿐이다.

烹 | 월나라 왕 구천
22년을 기다린 복수극의 결말

와신상담(臥薪嘗膽), 22년의 절치부심

중국 역사상 오(吳)나라와 월(越)나라만큼 오랜 기간 철천지원수처럼 지낸 나라는 없다. 춘추전국시대 두 나라의 대결은 한편의 흥미로운 드라마와도 같았다. 반전에 반전을 거듭하며 패권을 다투었기 때문이다. 이는 두 나라의 태생과 관련되어 있다.

오나라는 주나라 태왕 고공단보(古公亶父)의 장남 태백(太伯)과 차남 중옹(仲雍)이 동생 계력(季歷, 주 문왕의 아버지)에게 제후 자리를 양보하고 남쪽으로 내려가 장강 하류의 이민족과 함께 세운 나라였다. 기록에 의하면, 그들은 중원 사람들과 풍속이 상이하여 단발머리를 하고, 문신을 했다고 하며, 피부색이 검고, 키가 매우 작았다고 한다.

반면, 월나라는 장강 하류 원주민들의 힘만으로 세워진 나라였다. 그러다 보니 서로 야만족이라고 하며 적대시하는 것이 당연했다. 서로 쳐다보지도 않는 것은 물론 말도 걸지 않을 정도였다. 더욱이 오 왕 부차(夫差)와 월 왕 구천(句踐)의 오랜 복수극은 두 나라 사이를 더욱 멀어지게 했다. 그 시작은 오 왕 합려(闔閭)의 예상치 못한 공격에서 비롯되었다.

기원전 496년, 월나라 왕 윤상(允常)이 죽자, 태자 구천이 왕위를 이었다. 그런데 이때 오나라 왕 합려가 대군을 이끌고 쳐들어왔다가, 적이 쏜 화살에 맞고 말았다. 결국, 합려는 아들 부차에게 "월나라를 절대로 잊지 말라(必毋忘越)"라는 유언을 남기고 죽었다. 그때부터 부차는 매일 밤 가시 많은 장작 위에 누워 잠을 청하고(臥薪), 사람들에게 "부차야! 너는 월나라 왕 구천이 아비를 죽인 것을 잊었느냐?"라고 외치게 하며 복수를 다짐했다.

이 소식을 들은 구천은 기선 제압을 위해 오나라를 먼저 공격했다. 하지만 치욕스러운 패배 끝에 오히려 인질로 붙잡혀 3년 동안 묘지기와 마부로 일하는 것도 모자라 부차의 대변을 맛보는 수모까지 당했다. 그러면서도 철저히 자신을 낮추고 숨겼다. 복수를 위해서는 부차의 경계심을 풀어야 했기 때문이다. 그렇게 해서 3년 만에 오나라의 속령(屬領, 국가로서 완전한 정치적 독립이나 주권을 가지지 못한 영토)이 된 고국으로 돌아온 그는 쓸개를 곁에 두고 앉으나 서나 그 쓴맛을 보며(嘗膽), 회계의 치욕(會稽之恥)을 떠올렸다. 그리고 무려 22년에 걸쳐 복수극을 준비한 끝에 마침내 서시(西施)를 이용한 미인계로 오나라를 정복하고, 부차를

생포해 자살하게 했다.

— 《사기》〈월왕구천세가(越王勾踐世家)〉 중에서

한때 패자의 위세를 떨치던 강성한 오나라는 그렇게 해서 허무하게 무너졌고, 22년의 기다림 끝에 복수에 성공한 구천은 이후 '패왕'을 자처하며, 변방의 약소국에 지나지 않던 월나라를 춘추전국시대 마지막 패자로 만들었다. 그만큼 기세등등했고, 더는 무서운 것이 없었다.

와신상담(臥薪嘗膽). "거북한 섶에 몸을 눕히고, 쓸개를 맛보다"라는 뜻으로, 원수를 갚거나 마음먹은 일을 이루기 위해서 온갖 어려움과 괴로움을 참고 견디는 것을 비유하는 말이다. 아버지의 원수를 갚기 위해 가시 많은 장작 위에서 잠을 잤던 부차의 '와신(臥薪)'과 회계산의 치욕을 잊지 않기 위해 잠자리 옆에 항상 곰의 쓸개를 매달아 놓고 그 쓴맛을 되씹었던 구천의 '상담(嘗膽)'이 합쳐진 말이다.

구천은 원수를 갚기 위해 무려 22년을 절치부심했다. 그야말로 초인적인 인내심 없이는 불가능한 일이었다. 그렇게 볼 때 와신상담은 자기와의 싸움이라고 할 수 있다. 자기와의 싸움에서 이긴 사람만이 복수에 성공할 수 있기 때문이다.

장경조훼(長頸鳥喙), 어려움은 함께해도, 즐거움은 함께할 수 없다

만인지상의 자리에 있다가 노예보다 못한 삶을 산 구천이 갖은 수모와 굴욕을 이기고 춘추오패(春秋伍覇, 춘추시대 제후들의 우두머리)가 될 수 있었던 데는 두 사람의 도움이 매우 컸다. 그의 책사로 알려진 범려(范蠡)와 대부종(大夫種)으로 불리는 문종(文種)이 바로 그 주인공이다. 특히 범려는 구천이 오나라에 인질로 잡혔을 때 온갖 굴욕을 함께 겪으며 잠시도 복수를 잊지 않게 했다. 그가 있었기에 비로소 복수할 수 있었던 셈이다. 월나라의 부국강병책과 서시(西施)를 이용한 미인계 역시 그의 머리에서 나왔다. 그러니 그의 앞날은 보장된 것이나 마찬가지였다. 하지만 그는 이때 전혀 뜻밖의 선택해 사람들을 놀라게 했다. 바람처럼 사라지고 만 것이다. 반면, 구천의 모사였던 문종은 오나라 태재(太宰, 춘추시대 모든 관리의 으뜸 벼슬) 백비(伯嚭)를 뇌물로 유인해서 오나라에 억류된 구천의 귀국을 도운 것은 물론 오나라를 멸망시킬 7가지 계책을 제시하고, 구천이 춘추오패가 되는 데 결정적인 공을 세웠다. 당연히 구천은 그 공을 높이 사서 그를 승상으로 임명했고, 그는 기꺼이 그것을 받아들였다. 하지만 그것이 결국 그와 범려의 삶을 갈라놓았다.

구천의 만류에도 월나라를 떠난 범려는 곧 한 통의 편지를 문종에게 보냈다.

새를 잡고 나면 활을 거둬들이고, 토끼를 다 잡으면 사냥개를 삶아 먹는 법입니다. 그러니 대부께서도 관직을 버리고 속히 물러나십시오.

_《사기》 〈월왕구천세가〉 중에서

여기서 나온 말이 '토사구팽(兎死狗烹)'으로, 범려는 구천의 인물됨을 훤히 꿰뚫고 있었다. 그가 문종에게 보낸 편지를 보면 '장경조훼(長頸鳥喙)'라는 말이 나온다. '긴 목에 새 부리처럼 뾰족한 입'이라는 뜻으로, 어려움은 함께할 수 있지만, 즐거움은 함께 누리지 못할 관상을 가진 사람을 말한다.

> 구천의 상은 목이 길고, 입은 새 부리처럼 생겼는데(長頸鳥喙), 이런 인물은 어려움은 함께할 수 있지만, 즐거움은 함께 누릴 수 없소. 그런데 그대는 어째서 떠나지 않는 것이오?
>
> **—《사기》〈월왕구천세가〉 중에서**

'장경조훼'의 상을 지닌 사람은 결단력은 있지만, 시기심과 의심이 많아서 누구도 믿지 못한다. 은혜를 베푸는데도 매우 인색하다. 다만, 역경에 처하면 그런 본색을 억누르고 사람을 포용해 인내함으로써 어려움을 이겨내지만, 곧 본색을 드러낸다. 범려가 볼 때 구천이 바로 그런 사람이었다.

범려의 예상은 조금도 빗나가지 않았다. 그의 염려대로 구천은 모든 공을 자신에게 돌린 후 공신들을 차례대로 제거했기 때문이다. 뒤늦게 구천의 잔인함을 깨달은 문종이 병을 핑계로 만남을 피했지만, 토사구팽을 피할 수는 없었다.

사실 구천은 범려가 월나라를 떠났다는 사실을 몰랐다. 그가 회계산에 들어가서 수양하는 줄 알고, 그 일대를 범려의 땅으로 선포까지 했다. 그러던 차에 그가 월나라를 떠났다는 소식을 들었으니, 분노하는 것이 당연했고, 결국 그 화는 고스란히 문종에게 돌아갔다.

"고난과 복수의 상징과도 같은 인물"

사실 토사구팽은 유방과 한신의 이야기로 더 많이 알려져 있다.

범려의 토사구팽 예언으로부터 300여 년이 지난 기원전 196년. 한 고조 유방을 도와 중원을 통일한 최고의 공신 한신은 유방에 의해 죽임을 당한다. 한신과 그의 세력을 두려워한 나머지 죽이고 만 것이다. 한신은 죽어가면서 다음과 같은 말을 남겼다.

> 과연 사람들의 말대로구나. 교활한 토끼가 죽으니 사냥개를 삶고, 높이 나는 새가 다 잡히면 좋은 활도 광에 들어가며, 적국을 깨부수니 계책을 꾸미던 신하가 망하는구나. 천하가 이제 평정되었는데, 그런고로 나도 마땅히 버림받을 수밖에 없음이로다.

《사기》〈회음후열전〉 중에서

이후 토사구팽은 필요할 때는 요긴하게 쓰다가 필요 없을 때는 야박하게 버리는 경우를 빗대는 말로 사용되었다. 아닌 게 아니라 문종은 병권도 없는 일개 책사에 불과했지만, 더는 이용 가치가 없었기에 죽임을 당하고 말았다.

한때 구천은 22년을 기다려서 가슴속에 맺힌 원통함을 풀만큼 인내심 크고, 다른 사람을 배려할 줄 알았다. 회계산에서 오나라 왕 부차에게 패한 후 그의 신하를 자처했을 뿐만 아니라 황후를 부차의 첩으로까지 보내며 복수에 성공했기 때문이다. 그런 점에서 많은 사람이 그를 고난과 복수의 상징으로 여긴다. 하지만 거기까지였다. 뜻을 이루자 곧 교만해지고 말았기 때문이다. 나아가 의심 많은 성격으로 인해 고난을 함께한 신하들을 믿지 못한 나머지 결국 모든 것을 다시 잃고 말았다. 그 결과, 월나라 전성기는 그리 길지 않았고, 그 역시 오래지 않아 병사하고 말았다.

역사는 승자의 기록

황위 찬탈자

서기 626년 6월 3일, 당 고조 이연(李淵)의 차남 이세민(李世民)은 부왕을 찾아가 다음과 같이 말했다.

"신은 형제들에게 조금도 죄를 짓지 않았는데, 그들이 지금 신을 죽이려 하고 있습니다."

그러자 고조는 다음 날 아침, 형제 모두에게 대전에 들라고 하명했다. 그때의 상황을 《자치통감(資治通鑑)》은 다음과 같이 묘사하고 있다.

6월 4일 이른 아침, 황태자 이건성(李建成)과 동생 이원길(李元吉)이 현무문에 들어섰다. 함께 온 정예병 2,000명은 문밖에 남겨 둔 채였다. 두 사람은 경비가 엄중한 궁성에 복병이 숨어있으리라고는 꿈에도 생각하지 못했다. 임호전(臨胡殿)까지 와서야 이상한 낌새를 느끼고 서둘러 말을 돌리려고 했지만, 이미 늦었다.

"대형(大兄)! 어디 가시는지요?"

그 말에 깜짝 놀란 이원길이 이세민을 향해 활을 쏘았지만, 맞히지 못했다. 그러자 이세민이 곧 이건성을 향해 활을 쏘았고, 황태자는 말에서 떨어져 즉사했다. … (중략) … 깜짝 놀란 이원길은 허겁지겁 아버지 고조가 있는 무덕전(武德殿)으로 도망쳤고, 울지경덕(尉遲敬德)이 곧바로 추격해 화살을 쏘았다. 화살은 이원길의 등 정중앙에 꽂혔고, 원길은 다시는 일어나지 못했다. 잠시 후, 울지경덕은 이건성과 이원길의 머리를 현무문에 걸었다.

… (중략) … 이 소식을 들은 고조는 모든 것을 포기하고, 이세민을 황태자로 세워 대권을 이양하겠다고 선언해야 했다. 이세민은 즉시 병사를 보내 이건성의 다섯 아들과 이원길의 다섯 아들을 남김없이 죽여 후환을 막았다.

—《자치통감》중에서

이것이 바로 당나라판 왕자의 난인 '현무문의 변(玄武門之變)'이다. 그렇게 해서 이세민은 정변 3일 후 황태자가 되었고, 두 달여 후인 9월 4일 당의 제2대 황제로 등극하였다. 그가 바로 당 태종이다.

이세민이 형이자 황태자인 이건성과 동생 이원길을 죽이고 황위를 차지한 것은 크게 놀라운 일은 아니다. 중국사에서 그런 일은 꼽을 수 없을 만큼 많기 때문이다. 다만, 눈길을 끄는 것은 그런 그가 중국 역사상 최고의 '명군' 중 한 명으로 꼽힌다는 점이다. 그 치세에 중국 역사상 최고 전성기를 누렸을 뿐만 아니라 가장 모범적인 정치를 보였기 때문이다. 그러다 보니 그의 언행을 기록한《정관정요(貞觀政要)》는 '제왕학 필독서'로 꼽히며, 명의 만력제(萬曆帝)와 청의 건륭제(乾隆帝)뿐만 아니라 우리나라와 일본에서도 널리 애독되었다. 물론 그를 지나치게 미화했다는 비판도 있다. 그런데도 이 책이 필독서로 꼽히는 이유는 군주의 도리와 인재 등용, 간언의 중요성, 형벌 및 부역, 조세 등에 관해 매우 중요한 자료를 담고 있기 때문이다.

정통성 콤플렉스가 낳은 중국사 최고의 명군

황위를 찬탈한 패륜아 당 태종은 어떻게 해서 중국사를 대표하는 명군이 될 수 있었을까.

사실 그가 명군이 될 수 있었던 데는 수양제(隋煬帝, 폭정을 일삼아 수나라의 멸망을 초래한 수나라의 제2대 황제)의 공이 매우 크다. 그의 실정 때문에 수나라 중신이었던 그의 아버지 이연이 나라를 가로챌 수 있었을 뿐만 아니라 그의 아들인 그 역시 황제가 될 수 있었기 때문이다. 또한, 양제의 폭정에 대한 기억이 생생했던 시점에 황제가 된 것 역시 그의 치적을 더욱 돋보이게 했다는 것이 역사학자들의 공통된 견해다.

형과 동생을 죽이고 황위를 찬탈한 부끄러운 '흑역사' 역시 그가 명군이 될 수 있었던 이유 중 하나다. 황제가 된 후 그는 밑에서 올라오는 상소와 간언(諫言)을 열린 마음으로 받아들이고자 했다. 그런데 문제는 민심이었다. 민심을 얻어야만 자신의 행위를 어느 정도 정당화할 수 있기 때문이었다. 그러다 보니 어떤 황제보다 민심에 민감했고, 민심을 얻기 위해 다방면으로 노력했다. 승려와 도사들의 환속 중지와 계급이나 서열을 따지지 않고 신하들의 상소를 받은 것, 3천 명이 넘는 궁녀들에게 자유를 주고 풀어준 것 역시 그 때문이었다. 또한, 거기서 더 나아가 이건성과 이원길 일파의 죄 역시 더는 묻지 않겠다고 선언하고, 그 일파를 끌어안고자 했다. 그 대표적인 인물이 바로 이건성의 참모였던 설만철(薛萬徹)과 위징(魏徵)이었다. 특히 위징은 오래전부터 이건성에게 이세민을 죽여야 한다고 한 인물로 그와는 견원지간과도 같았다. 그런데 그런 그를 오히려 중용한 것이다.

알다시피, 이후 위징은 역사적인 사례를 예로 들어가며 군주의 잘못된 판단이 어떤 결과를 초래하는지에 대해서 직언을 멈추지 않았다. 놀라운 것은 그것을 대하는 당 태종의 태도였다. 그는 300여 회가 넘는 위징의 직언을 귀담아들으며, 그를 자신의 거울로 삼아 백성의 편에서 나라를 다스리고자 했다.

군주의 도리는 먼저 백성을 생각하는 것이오. 만일 백성을 다치게 해가면서까지 군주의 욕심을 채운다면, 마치 자기 다리를 베어 배를 채우는 것과 같아서 배는 부를지언정 곧 죽게 될 것이오. … (중략) … 만일 군주가 이치에 맞지 않는 말을 한마디라도 한다면, 백성은 그 때문에 사분오열할 것이고, 또는 마음을 바꾸어 원한을 품고 역모하는 자도 생길 것이오. 나는 항상 이러한 이치를 생각하고, 감히 나 자신의 욕망을 채우는 행동을 하지 않았소.

—《정관정요》 중에서

물론 이 역시 부족한 정통성을 확보하기 위함이었다. 하지만 이것이 오히려 그를 중국 역사상 최고의 명군으로 만들었다.

"임금은 배요, 백성은 물이다. 강물의 힘으로 배를 뜨게 하지만, 강물이 화가 나면 배를 뒤집을 수도 있다. 군주가 이로써 위태로움을 생각한다면 위태로움은 장차 오지 않으리라."

《순자》〈왕제(王制)〉편에 나오는 말이다. 군주가 백성을 제대로 다스리면 순항할 수 있지만, 민심을 거스르면 전복될 수 있다는 뜻이다. 당 태종 역시 그와 비슷한 말을 했다.

물은 배를 띄울 수도 있지만, 배를 전복시킬 수도 있다(水能載舟 亦能覆舟).

—《정관정요(貞觀政要)》 중에서

그만큼 그는 민심을 무섭게 생각했다. 그 결과, 비단길을 개척한 한 무제, 청의 전성기를 연 강희제의 집권기와 함께 중국사의 황금기로 꼽히는 '정관(貞觀, 당 태종의 연호)의 치(治)'를 이루며 후세 군주들의 모범이 되었다.

명군(名君)이지만, '성군(聖君)'은 될 수 없는 이유

당 태종 이전까지만 해도 중국의 역사서는 모두 개인의 고유한 연구물이었다. 하지만 당 태종 이후 나라에서 역사서를 제작하게 되었다. 자신의 약점을 미화하기 위해서였다는 게 정설이다.

말했다시피, 당 태종은 정권을 잡는 과정에서 형제를 죽이고 아버지를 유폐했다. 또한, 죽은 동생의 부인을 후궁으로 삼았을 뿐만 아니라 열 살 남짓한 조카들을 모조리 죽이는 등 수많은 패륜을 저질렀다. 그러니 역사적 평가 역시 당연히 신경 쓰였을 것이다.

결국, 그는 사서를 제멋대로 고쳐서 후대 황제들에게 역사서를 자기 멋대로 쓰게 하는 악습을 남겼다. 예컨대, 고구려에 대패한 주필산(駐蹕山) 전투에서 자신이 겁에 질려 벌벌 떨었다는 내용 및 50일 동안의 공백, 신성과 건안성의 패배 등은 빼놓은 채 자신이 승리한 사실만을 강조하였고, 진서(晉書, 중국 삼국시대 위나라의 권신 사마의 시절부터 동진 공제 때 동진이 멸망할 때까지의 진나라 역사를 담은 역사서. 24사 중의 하나로 당 태종이 명하여 방현령 등 21명의 학자가 3년에 걸쳐 완성하였다) 편찬에서는 고구려를 아예 빼버렸다. 또한, 현무문의 변과 관련된 기록 역시 직접 수정을 명했는가 하면, 위징이 죽은 후 그가 올린 상소 역시 별도로 기록하였다.

그런가 하면 말년으로 갈수록 초심을 잃은 나머지 신하들의 간언을 귀담아듣지 않아 후계자 선정 등에서 실수했을 뿐만 아니라 고구려를 무리하게 침공하여 패배함으로써 국력을 크게 쇠퇴시키기도 했다. 그러다 보니 그에 대한 평가 역시 당연히 크게 엇갈린다.

그를 긍정적으로 평가하는 이들은 그가 누구보다 뛰어난 황제였음을 강조한다. 수나라 말기의 대혼란은 물론 돌궐 등과의 대외 문제 역시 잘 해결했을 뿐만 아니라 수양제 때의 3분의 1에 불과한 재정에도 국가의 기틀을 다지고 국난을 잘 해결했기 때문이다. 하지만 그것이 그의 잘못된 과거와 악행까지 바꾸지는 못한다는 것이 그를 비판하는 사람들의 논지다. 이에 그를 부정하는 이들 중에는 아예 수양제와 동급 내지는 그 이하의 인물로 평가하기도 한다. 심지어 거품만 잔뜩 낀 인물이라며 혹평하는 이들도 적지 않다. 그렇다고 해도 당이라는 나라를 말할 때 그를 언급하지 않고는 설명할 수 없을 만큼 그의 존재감은 매우 크다. 그만큼 뛰어난 황제였기 때문이다. 하지만 명군(名君)이기는 하지만, 성군(聖君)은 될 수 없다는 것이 역사학자들의 공통된 의견이다. 명예와 민심을 중시했던 그가 이런 평가를 듣는다면 어떻게 생각할지 자못 궁금하다.

천하에 두려워할 것은 오직 백성뿐

'순화(順化)'의 군주

"그 나라의 정치가 어수룩하면 백성은 순박해진다. 그 나라의 정치가 빈틈없으면 백성은 불안해진다. 화(禍) 속에 복(福)이 깃들어 있고, 복 속에 화가 숨겨져 있기 때문이다. 하지만 누가 그 경지를 알 수 있겠는가. 그것은 일정하지 않다. 정상적인 것이 다시 기괴한 것이 되기도 하며, 선한 것이 다시 요망한 것이 되기도 한다. 사람이 이런 것에 미혹되어 온 역사는 이미 오래되었다. 그래서 성인(聖人)은 사물에 대해 대범함으로써 굳이 그것을 구별하지 않는다. 청렴함으로써 남을 해치지 않는다. 곧되, 지나치게 뻗지는 않는다. 빛은 있으되, 반짝이지는 않는다."

노자《도덕경》제58장〈순화(順化)〉편에 나오는 말이다. 여기서 '순화'란 '자연의 변화를 따르는 것'을 말한다. 즉, 황제가 백성이 원하는 바를 잘 알아 아무런 걱정 없이 살 수 있게 하는 것을 뜻한다.

생각건대, 중국의 수많은 황제 중 이 순화의 경지에 이른 인물은 몇 되지 않는다. 그중 단연 으뜸은 송나라는 세운 조광윤(趙匡胤)이 아닐까 싶다. 피 한 방울 흘리지 않고 황제가 된 것은 물론 후한 광무제와 함께 유일하게 토사구팽하지 않은 황제로 꼽히기 때문이다. 그러면서도 그는 왕권을 강화한 것은 물론 개국 초기의 혼란을 급속히 안정시키며, 백성의 삶을 평안하게 하도록 노력했다.

배주석병권(杯酒釋兵權), 술잔을 나누며 병권을 빼앗다

쿠데타를 통해 최고의 자리에 오른 권력자에게 영광의 순간은 그리 길지 않다. 칼끝이 언제 자신을 겨눌지 몰라 불안하기 때문이다. 그래서 그들은 가장 먼저 개국 공신들을 숙청함으로써 왕권을 강화한다. 이른바 '토사구팽'이다. 동서양을 막론하고 쿠데타로 권력을 잡은 이들은 어김없이 토사구팽을 단행했다.

배주석병권(杯酒釋兵權). "술잔을 나누며 병권을 빼앗다"라는 뜻이다. 알다시피, 송 태조 조광윤은 후주의 시영(柴榮, 후주의 2대 황제 '세종'의 이름)으로부터 선위(禪位, 왕이 살아 있으면서 다른 사람에게 왕위를 물려주는 일) 받아 황제 자리에 무혈 입성했다. 하지만 그 역시 황제가 되었다는 기쁨은 잠시뿐이었다. 당시 사회적 혼란에 비추어 볼 때 개국 공신들의 병권을 거둬들이는 것이 급선무였기 때문이다.

961년 가을, 소의절도사 이균(李筠)과 회남절도사 이중진(李重進)의 반란을 진압한 조광윤은 공신들과 장수들을 초청해 연회를 베풀었다.

그들이 만취하자 시종을 모두 물리친 그는 금위군 장수 석수신(石守信)과 왕심기(王審琦) 등 개국 공신만 남게 했다.

　　태조가 석수신에게 술을 권하며 말했다.

　　"경들의 도움이 없었다면 짐은 천자가 되지 못했을 것이오. 그런데 황제가 된 후 잠시도 편히 잠들 수가 없소. 차라리 절도사 때가 좋았소."

　　"폐하 어째서 그런 말씀을 하십니까?"

　　"정말 몰라서 묻는 것이오? 경들도 황제로 추대되면 나처럼 황제 자리에 오를 게 아니오?"

　　그제야 말에 뼈가 있음을 안 그들은 일제히 머리를 조아렸다.

　　"저희가 어찌 다른 생각을 품겠습니까? 어찌하면 폐하께서 안심하실 수 있겠습니까?"

　　그 말에 태조가 한숨을 쉬며 말했다.

　　"인생은 눈 깜짝할 사이에 지나가는 법이오. 진정한 즐거움은 자손들과 잘 먹고 행복하게 사는 것 아니겠소. 이제 시골로 내려가 좋은 집에서 손자들의 재롱을 보며 여생을 보내는 게 어떻겠소?"

　　이 한마디에 그 자리에 있던 공신들은 모두 병권을 내놓았다.

_《송사(宋史)》〈태조본기〉 중에서

　이로써 조광윤은 피 한 방울 흘리지 않고 군웅할거 시대를 끝내며 모든 권력을 황제인 자신에게 집중시키는 강력한 중앙집권체제를 이루었다. 그 자신이 병권으로 황제가 되었기에 병권을 가진 군벌이나 공신들의 존재가 갖는 미래의 두려움과 반란 가능성을 아예 뿌리째 뽑아 버린 것이다. 나아가 이는 송나라가 문신을 우대하는 계기가 된 것은 물론 갑자기 무너지게 된 원인이 되었다.

진교(陳橋)의 변, 하늘의 뜻을 따르다

사실 조광윤은 황제가 되고 싶은 생각이 전혀 없었다. 군관으로서 공적을 세우며 황제로부터 그 능역을 받고 있었기 때문이다.

후주의 2대 황제 시영이 즉위하자, 그는 금군(禁軍, 황제의 친위군) 총사령관이 되어 병권을 거머쥐었다. 애당초 총사령관은 시영의 처남이었지만, 시영은 "내가 죽으면 저놈이 황제 자리를 차지할 게 뻔하다"라며 그를 못 미더워한 나머지 해임한 후 그 자리에 조광윤을 앉혔다. 그만큼 조광윤을 신뢰했다. 조광윤 역시 시영에게 충성을 다했다. 더욱이 시영은 5대 10국 시대 누구도 따르기 어려운 치적을 남길 만큼 명군이었기에, 그로서는 조금도 다른 마음을 품을 수 없었다. 그런데 그만 시영이 37세라는 나이에 죽으면서 그의 삶 역시 송두리째 바뀌기 시작했다.

서기 959년 6월, 시영이 죽자 7살밖에 되지 않은 그의 넷째 아들 종훈(宗訓)이 황제로 즉위했다. 그가 바로 후주의 마지막 황제 공제(恭帝)다. 하지만 장수들은 아무것도 모르는 어린 황제를 인정하지 않았다. 그러던 중 시영의 공세에 바짝 엎드려 있던 주변 군벌들이 동시에 압박해오자 어린 황제를 탓하며 불만을 품기 시작했다. 결국, 참다못한 그들이 조광윤을 옹립하기로 하고 행동에 나서려던 찰라, 북한(北漢)과 거란(契丹) 연합군이 북쪽 변방을 침범했다. 이때 공제는 조광윤에게 금군을 이끌고 출동하게 했다. 이른바 '진교(陳橋)의 변'의 시작이었다.

군을 이끌고 출격한 조광윤은 이틀 후 궁중으로부터 20리쯤 떨어진 개봉 북동쪽 진교(陳橋)에 진을 치고 묵었다. 평소 술을 좋아했던 그는 그날도 술을 마신 후 잠자리에 들었다. 그런데 그날 밤, 그가 잠든 틈을 타서 부하들이 황포(黃袍)를 둘러씌운 후 황제가 되어 달라고 간청하는 일이 일어났다. 그 주동자는 그의 동생 조광의(趙光義)와 책사 조보(趙普)였다. 당연히 그는 대의에 어긋난다며 거부했지만, 곧 돌이킬 수 없음을 알고 어린 황제와 백성에게 해를 입히지 않겠다는 조건과 절대복종하겠다는 맹세를 받아낸 후 그들의 추대를 받아들여 군사를 돌이켰고, 조광윤을 막을 힘이 없었던 어린 공제는 결국 그에게 황제 자리를 넘겨주었다. 이로써 후주는 건국 10년 만에 멸망하고, 송나라(宋)가 개국하였다.

이와 관련해서 조광윤이 애당초 반란을 목적으로 군사를 이끌고 출격했다는 주장도 있다. 거란이 후주를 공격한 기록 자체가 없을 뿐만 아니라 그가 출병 전에 가족을 안전한 곳으로 미리 피신시켰기 때문이다. 물론 그 진실은 알 수 없다. "역사는 승자의 기록"이라는 말마따나, 그에 대한 정확한 기록은 남아 있지 않기 때문이다.

주목할 점은 이전까지 선양했던 대부분 황제가 비참하게 죽은 것과는 달리, 공제와 그 일가는 조광윤의 철저한 보호를 받았다는 것이다. 조광윤은 공제를 정왕(鄭王)에 봉하고, 일족과 함께 편안하게 살 수 있게 했을 뿐만 아니라 후손들에게도 시 씨 일족에 대한 각별한 대우를 부탁했다. 이에 시 씨 가문은 북송이 쇠하고 뒤를 이은 남송이 망할 때까지 줄곧 조정의 보호를 받았고, 그 답례로 북송과 남송 300여 년간 조 씨 왕조에 충성하며 마지막까지 운명을 함께했다.

"역대 중국 황제 중 가장 정직하고, 욕심 없는 사람"

전쟁에서 이기거나 정권을 잡으면 누구나 가장 먼저 전리품을 챙기기 위해 혈안이 되기에 마련이다. 하지만 이는 오히려 민심을 흉흉하고 권력의 정당성을 약화할 뿐이다. 조광윤 역시 이를 잘 알았다. 이에 그는 모든 장수와 병사에게 "백성의 생명과 재물을 빼앗으면 즉시 참수한다"라는 엄한 군율을 내렸고, 그 덕분에 민심을 얻을 수 있었다. 비록 차가운 칼과 창으로 황제가 되었지만, 따뜻한 인품과 관대함으로 백성을 자기편으로 만든 것이다.

건국을 축하하는 자리에서 한림학사 왕저(王著)가 슬피 울었다. 태조가 그에게 그 이유를 물었다.

"이 좋은 날 왜 우는 것이오?"

왕저가 머리를 조아리며 말했다.

"후주의 성군이었던 세종이 생각나서 우는 것입니다."

그 말에 주변 장수들이 그 자리에서 왕저의 목을 베려고 했다. 그러나 태조는 "학자가 그런 말을 할 수도 있으니 내버려 두어라"라며 옛 황제를 그리워하는 왕저를 오히려 감싸주었다.

—《송사》〈태조본기〉 중에서

어느 날, 태조가 백성들의 삶을 살피던 때였다. 어디선가 화살이 날아와 태조의 어깨를 스쳤다. 다행히 빗나갔지만, 가슴을 쓸어내릴 만한 일이었다. 당황한 장수들이 즉각 범인을 붙잡으려고 하자, 태조가 말했다.

"잡지 마라."

—《송사》〈태조본기〉 중에서

그 외에도 그는 후주의 관리들을 경질하지 않고 송나라 관리로 재신임했다. 그 과정에서 자신을 반대했던 이들 역시 진심으로 대하며 관용을 베풀었다. 그러면서 순리를 받아들이라고 했다.

"지난 왕조에 충성하는 것은 죄가 아니다. 하지만 대세에 따르지 않고, 나라에 해를 끼치는 일은 절대 용서할 수 없다."

또한, 그는 역대 중국 황제 중에서도 가장 정직하고, 욕심 없는 사람이었다. 옷 한 벌을 빨고 또 빨아서 입었으며, 생일에도 백성들과 똑같은 상을 차리게 했기 때문이다. 그 결과, 비록 쿠데타를 통해 황제가 되었지만, 민심을 얻을 수 있었고, 많은 존경을 받았다.

태조는 평상복을 여러 번 세탁해서 입었다. 한 번은 위국장공주(魏國

長公主, 태조의 딸)가 저고리에 물총새 깃털로 장식했다. 그러자 태조가 "너는 부귀한 집안에 자랐으니 마땅히 복을 소중히 여길 줄 알아야 한다" 라며 훈계했다.

_《송사》〈태조본기〉 중에서

촉나라 왕으로부터 보석으로 장식된 요강을 선물로 받았을 때도 마찬가지였다. 그것을 본 그는 화를 내며 이렇게 말했다.

"요강에도 보석 장식할 정도면 사치와 타락이 얼마나 심하겠는가. 그러니 망국의 길을 걷는 것이다."

피비린내가 아닌 문화의 꽃을 피우다

조광윤은 무인 출신답게 성격이 매우 거칠고 화를 잘 냈지만, 곧 그것을 반성했다.

태조는 새를 무척 좋아했다. 하루는 새를 돌보고 있는데, 사관이 들어왔다.

태조가 말했다.

"큰일이 아니면 오늘은 그만 물러가시오."

하지만 사관은 굳이 들어와서 상소를 올렸다.

그 모습에 화가 난 태조는 급기야 사관을 내리쳤는데, 그만 사관의 이가 부러지고 말았다.

사관이 부러진 이를 들고 일어서며 말했다.

"오늘 일을 사서에 기록하기 위해서 이만 나가보겠습니다."

그 말에 태조는 이렇게 말했다.

"앞으로는 어떤 일이 있건 간에 지금처럼 상소를 올리시오."

_《송사》〈태조본기〉 중에서

알다시피, 중국의 문화는 송나라에 이르러 비로소 꽃을 피웠다. 수많은 석학과 명필, 문장가가 등장했을 뿐만 아니라 유학과 문치주의가 극치를 이루었고, 경제적으로도 매우 융성해졌기 때문이다. 정치적으로도 중앙집권화가 이루어지며 매우 안정되어 유교적 이상 국가에 가장 가까웠던 나라가 바로 송나라였다. 그만큼 다른 왕조와 비교했을 때 피비린내가 덜 나던 시대였다. 이는 앞서 말했다시피, 무력으로 권력을 쟁취한 조광윤이 자신과 같은 사례가 역사에서 반복되는 것을 두려워해서 무신을 철저히 억누르고 문신 우대 정책을 펼쳤기 때문이다. 하지만 이는 곧 송나라의 약점이 되고 말았다. 경제적으로 융성하고, 문화 역시 화려하게 꽃피웠지만, 군사력이 부실해져서 멸망의 원인이 되고 말았기 때문이다. 만일 송이 내치에 신경 쓴 것처럼 국방에 조금만 더 관심을 가졌다면 중국의 역사는 지금과는 달라졌을 것이다. 그만큼 송나라 대에 중국은 많은 부분에서 절정을 이루며 무르익은 시기였다.

한편, 조광윤은 죽으면서 돌에 유훈을 새기고, 새 황제가 즉위하면 이를 반드시 지키도록 했다. 이를 돌에 새겨 남긴 유훈이라고 해서 '석각 유훈'이라고 하는데, 그 존재 자체가 송 황실 최고의 극비였던 까닭에 누구도 그 존재 자체를 몰랐다. 그러다가 금나라가 수도 개봉을 점령한 후에야만 천하에 공개되었는데, 그 내용은 아래와 같았다.

첫째, 시 씨의 후손은 죄가 있어도 형을 가하지 말고, 역모의 죄를 저질러도 옥중에서 자진(自盡, 스스로 자기 목숨을 끊음)하게 하고, 저잣거리에서 공개 처형하지 말 것이며, 지속(支屬, 후손)에 연좌시키지 말 것

둘째, 사대부와 상소하는 사람을 죽이지 말 것

셋째, 이를 어기는 자는 자손이라도 반드시 죽일 것

말했다시피, 그는 즉위 후 이전 왕조에서 일했던 신하들은 물론 황족과 공신들을 무참히 살육했던 대부분 황제와 달리, 자신에게 제위를 넘겨준 어린 공제를 비롯한 이전 왕조의 황족을 살뜰히 보살핀 것은 물론 자신을 황제로 만든 공신들 역시 '토사구팽'하지 않았다.

이렇듯 조광윤은 비록 무력으로 황제가 되었지만, 따뜻한 인품과 너그러움을 가지고 있었다. 이에 명나라를 세운 주원장은 그를 추앙하며 이렇게 말했다.

"오직 송나라 태조 황제만이 하늘의 뜻을 따르고, 사람의 뜻에 응해 천하를 통일하고 천하 문명 삼백 년을 지탱했다. 송 태조야말로 천하를 다스린 덕과 세상을 편안하게 한 공이 있다."

출생의 콤플렉스가 부른 참극

평생의 콤플렉스가 된 미천한 출신 성분

인간의 능력으로는 어떻게 할 수 없는 불가피한 필연의 힘을 '운명(運命)'이라고 한다. 운(運)이 변화할 수 있는 것이라면, 명(命)은 본인의 의지와는 상관없이 처음부터 정해진다. 즉, 운(運)은 바꿀 수 있지만, 타고난 명(命)은 절대 바꿀 수 없다. 예컨대, 사람의 삶은 수시로 변한다. 그것이 바로 운이다. 하지만 본인의 의지와는 상관없이 정해진 출신 성분은 누구도 바꿀 수 없다. 그것은 인간으로서 오를 수 있는 최고의 존엄한 자리라는 중국의 황제 역시 마찬가지였다. 그 때문에 미천한 출신의 황제들은 두고두고 콤플렉스에 시달려야만 했다. 그 대표적인 인물이 바로한 고조 유방과 명나라를 세운 주원장(朱元璋)이다.

알다시피, 유방과 주원장은 역대 중국 황제 중 신분이 가장 낮은 계층출신으로 신분으로만 보면 황제는커녕 말단 병사만으로도 충분히 만족해야 했다. 하지만 아무것도 가진 것 없이 가장 밑바닥에서 출발한 두 사람은 중국을 통일하며 결국 황제 자리에까지 올랐다. 그야말로 입지전적인 삶을 산 셈이다. 그러나 그 영광은 길지 않았다. 대업을 이룬 자부심과 미천한 신분에 대한 자괴감이 교차하면서 곧 신하들을 의심하기 시작했고, 가혹할 정도로 숙청했기 때문이다. 특히 떠돌이 농민 출신으로 한때 도적으로도 활동했던 주원장은 뿌리 깊은 열등감으로 인해서 적잖은 문제를 일으켰다. 예컨대, 그는 어린 시절 부모가 굶어 죽는 것을 직접 본 충격으로 그 시절의 일을 절대 꺼내지 못하게 했을 뿐만 아니라 승려 생활을 할 때 머리를 깎은 것 때문에 '빛날 광(光)', '대머리 독(禿)', '승려 승(僧)' 자 및 그와 발음이 같은 '생(生)' 자를 쓰거나 도적의 '적(賊)'과 발음이 비슷한 '칙(則)' 자를 쓰면 무조건 처벌했다. 이른바 '문자의 옥(獄)'이 바로 그것이다. 그 배경에는 평생의 콤플렉스가 된 출신 성분이 깊숙이 자리하고 있었다.

가난과 눈물, 한숨으로 시작한 삶

중국 역대 황제 중 가장 뛰어난 사람은 누구일까. 시대마다, 사람마다 평가 기준이 다르기에 제각각이지만, 많은 사람이 진시황과 한 무제, 당 태종, 청 강희제 등을 첫손에 꼽는다. 그렇다면 최악의 황제는 과연 누구일까.

중국사를 전공한 대부분 역사학자가 명 태조 주원장을 최악의 황제로 꼽는다. 심리적 소양이 떨어질 뿐만 아니라 잔인한 폭력성으로 인해 수많은 사람을 죽였기 때문이다.

주원장의 잔인함은 어린 시절의 굴욕감에서 비롯되었다. 그는 아버지 주세진(朱世珍)이 46세, 어머니 진 씨가 42세에 태어난 늦둥이로, 어린 시절 중팔(重八)이라고 불렸다. 부모의 나이를 합치면 88, 즉 8이 겹친 데서 생긴 이름이었다. 하지만 누구도 그의 출생을 기뻐하지 않았다. 그의 부모조차도 그가 태어나자 입이 하나 늘었다며 한숨 쉴 정도였다.

이렇듯 주원장의 삶은 시작부터 가난과 눈물, 한숨 그 자체였다. 그러다 보니 책 한 권 제대로 읽지 못할 만큼 글자도 제대로 깨우치지 못했다. 그뿐만이 아니었다. 전염병과 기근으로 부모 형제를 잃었을 때는 묻을 땅조차 구하지 못해 시체 썩는 냄새가 온 마을에 진동할 정도였다. 다행히 같은 마을에 살던 유계조(劉繼祖)의 도움으로 겨우 매장할 수 있었다. 그것이 얼마나 고마웠는지 그는 그 은혜를 평생 잊지 않고 있다가 황제가 된 후 그에게 '의혜후(義惠侯)'라는 작위를 내렸다. 그러면서 이렇게 말했다.

짐이 옛날에 가랑이가 찢어지게 가난했을 때, 우리 가족 가운데 목숨을 부지한 자는 먹을 것과 입을 옷이 없어서 고통당했고, 역병에 걸려서 죽은 자는 그 시체를 급히 매장할 땅조차 구하기 어려운 형편이었다. 아, 얼마나 힘들고 고통스러운 세월이었던가.

_《명사(明史)》〈고조기(高祖紀)〉중에서

글도 모르던 그에게 인생을 바꿀 기회가 찾아온 것은 25세 되던 해인 1352년, 천 년 왕국을 신봉하는 백련교의 분파인 홍건적(紅巾賊, 머리에 붉은 수건을 두른 데서 유래한 이름) 산하 반란군이 되면서부터였다.

배고픔에 지친 그는 당시 홍건적의 이인자인 곽자흥(郭子興)의 부하가 되었는데, 곽자흥은 그의 기백이 범상치 않음을 알고 그를 중용했다. 이름 역시 이때 원장으로 바꾸었다.

그 기대에 부응하듯, 그는 작전마다 승리하며 불과 일 년 만에 그의 참모가 되었고, 곧 곽자흥의 수양딸과 결혼했다. 그녀가 바로 중국 역사상 최고의 황후로 꼽히는 효자고황후(孝慈高皇后) 마 씨다. 명실공히 곽자흥 부대의 이인자가 된 셈이다. 이때부터 그는 독자적인 세력을 만들었고, 1355년 곽자흥이 죽자 그의 세력을 빠르게 흡수하며 반란군의 최고 지도자가 되었다.

사실 아무것도 없었던 그가 황제 자리가 될 수 있었던 데는 아내 마 씨의 도움이 매우 컸다. 그녀는 아내로서 남편인 그를 돕고 독려했을 뿐만 아니라 그가 억울한 누명을 썼을 때도 앞장서서 해결했다. 그만큼 그녀는 남편을 적극적으로 보좌하며, 그가 뜻한 바를 이룰 수 있게 중심을 잡아준 현모양처였다. 그러다 보니 가는 곳마다 칭찬이 자자했고, 많은 사람의 존경을 받았다. 주원장 역시 그런 아내를 믿고 의지했다. 그 때문에 그녀가 세상을 떠났을 때는 크게 통곡했을 뿐만 아니라 후임 황후 역시 책봉하지 않았다.

"삐져나온 서까래가 먼저 썩는다(出頭的椽子先欄)"라는 중국 속담이 있다. 삐져나온 서까래는 비바람에 쉽게 침식되어서 금방 썩기 때문이다.

우리 속담에도 그와 비슷한 말이 있다. "모난 돌이 정 맞는다"라는 말이 바로 그것이다. "능력이나 재주가 너무 뛰어나면 다른 사람에게 미움받을 수 있다"라는 뜻이다. 그만큼 두각을 보이면 많은 사람에게 질투받기에 십상이다.

주원장이 황제가 되기 전 원나라의 혜주(惠州)를 공격했을 때 일이다. 적의 상황을 살피기 위해 성안으로 잠입한 그는 적군에게 그만 발각되어 한 민가에 숨어들었다가, 주승(朱升)이라는 학자를 우연히 만나게 되었다. 그를 본 주승은 그가 비범한 인물임을 단번에 알아보고 이렇게 말했다.

담장을 높이 쌓고, 양식을 많이 모으면, 천천히 왕으로 불리게 되리라
(高築墻, 廣積糧, 緩稱王).

—《명사》〈고조기〉 중에서

"담장을 높이 쌓으라"라는 것은 내부 단속을 철저히 하라는 말이었으며, "양식을 많이 모으라"라는 것은 역량을 확보하라는 것이었다. 그리고 "천천히 왕으로 불려라"라는 것은 최고가 될 때까지 철저히 숨어 있

으라는 말이었다. 일찍 권력의 중심에 섰다가는 실패할 수 있을 뿐만 아니라 적이 많아지고, 단점만 두드러지기 때문이다.

주원장은 그런 주승의 충고를 기꺼이 받아들여 조용히 세력을 키우며, 천천히 민심을 얻어가기 시작했다. 그리고 1368년 마침내 중원의 패자가 되었다. 난징(南京)에 나라를 세워 국호를 '명(明)'이라 짓고 황제 자리에 오른 것이다. 누구도 거들떠보지 않던 떠돌이 농민의 아들로 태어나 만인지상의 자리에 오른 순간이었다. 이때 그의 40세였다.

빈농의 자식으로 태어나 유랑 걸식까지 했던 주원장이 나라를 세우고 황제가 된 데는 분명 남다른 수완이 있었다. 아닌 게 아니라, 젊은 시절 그는 어진 품성과 포용의 리더십을 지닌 사람이었다.

그가 중원의 패권을 놓고 격전을 벌일 때 일이다. 소주를 점령한 그의 눈에 허름한 흙더미 앞에서 울고 있는 적군 병사의 모습이 들어왔다. 그가 왜 우느냐고 묻자, 병사는 이렇게 말했다.

"어머니가 굶어 죽어서 여기에 묻혀있습니다."

이에 적군이지만, 병사의 효심을 높이 산 주원장은 부하들에게 "병사와 무덤을 훼손하지 말라"라고 엄명을 내렸다. 자신도 부모의 시신을 황망하게 처리한 일이 생각났기 때문이다. 이와 관련해서 중국의 역사학자 오함(吳晗)은 그의 젊은 시절에 대해서 다음과 같이 말했다.

부지런하면서도 세심했으며, 과감해야 할 때는 주저하지 않고 나아갔다. 일 처리가 매우 빨랐으며, 마무리 역시 깔끔했다. 싸울 때는 항상 맨 앞에 섰고, 전리품을 얻으면 모두 장수에게 나눠줬으며, 상을 받으면 모두의 공로라고 겸양하며 함께 싸운 이들과 공평하게 나누었다. 평소에는 말수가 적었지만, 한번 말하면 무게가 실려 있었다.

_오함, 《주원장전》 중에서

누구보다도 지독한 가난과 배고픔을 겪은 그는 성군이 되겠다고 다짐했다고 한다. 그 때문에 관리들의 부정부패를 보면 참지 못했다. 관리들의 횡포로 인해 백성이 얼마나 모진 고초를 겪는지 직접 체험했기 때문이다. 이에 눈앞의 이익이나 당장 손에 쥐어지는 것에만 몰입하기보다는 신뢰와 원칙으로 백성의 마음을 붙잡기 위해 솔선수범하고자 했다. 하지만 이런 마음과는 달리, 그는 전혀 다른 사람이 되고 말았다.

"성현의 면모, 호걸의 기풍, 도적의 성품을 모두 지닌 사람"

빈농의 자식으로 태어나 유랑 걸식까지 했다는 점에서 그는 한 고조 유방과 매우 닮았다. 그래서인지 그는 한 고조를 매우 흠모했다.

한 고조를 모범으로 삼아 말하는 것과 일 처리와 전투 따위의 모든 것에 대해 마음을 기울여 그를 향해 배우고자 했다.

_오함, 《주원장전》 중에서

하지만 그 역시 황제가 된 후 한 고조처럼 의심이 많아졌다. 어린 시절

당한 굴욕감과 비천한 출생에 대한 콤플렉스에서 비롯된 위기의식과 불안감, 두려움에 끊임없이 시달렸기 때문이다. 그 결과, 자신의 출신과 관련된 소문을 퍼뜨리는 이는 가차 없이 처벌했다. 심지어 구족(九族)까지 멸하는 방식으로 한꺼번에 수만 명을 죽이기도 했다. 그나마 마 황후가 살아 있을 때는 그녀의 조언으로 인해 무분별한 숙청을 삼갔지만, 그녀가 죽자 다시 폭주하고 말았다.

철저한 실용주의자인 그에게 영원한 벗은 없었다. 영원한 이익만이 있을 뿐이었다. 그 때문에 뼈에 사무치는 원한을 가진 사람이라도 너그러이 용서할 때도 있었지만, 동고동락한 신하라도 비위에 거슬리면 서슴없이 목을 베었다. 그 결과, 그의 재위 30년 동안 무려 10만여 명에 가까운 공신과 신하들이 숙청당했다. 그러니 대부분 신하가 매일 공포에 떨어야 했다.

> 조정 관리들이 매일 아침 입궐할 때 처자식과 눈물로 이별을 고하고, 저녁에 무사히 돌아오면 다시 서로 기뻐하며, 이로써 또 하루를 살았다고 하였다.
>
> — 엽자기(葉子奇), 《초목자(草木子)》 중에서

아이러니한 것은 그런 그가 백성에게만은 한없이 인자했다는 점이다. 특히 농민들에 대한 애정이 매우 지극했는데, 상인에게는 금지한 비단옷을 농민은 입어도 좋다고 했을 정도였다. 이에 어떤 이들은 그가 "권세

있고 돈 많은 세도가와 탐관오리에게는 도적이었지만, 부하들이나 동료들에게는 호걸이었고, 헐벗고 굶주린 백성에게는 한없이 자상한 군주였다"라고 말하기도 한다.

이런 그의 상반된 성격을 말하듯, 그의 서로 다른 얼굴을 그린 두 개의 초상화가 전해진다. 하나는 인자하고 온화한 미소를 띤 성군의 모습이고, 다른 하나는 심한 곰보에다 뭉뚝한 코와 말상을 한 포악한 폭군의 모습이다.

그는 생전에 여러 화가에게 자신의 초상화를 그리게 했는데, 어떤 것도 마음에 들어 하지 않았다고 한다. 있는 모습 그대로 그렸기 때문이다. 그때 주원장의 마음을 간파한 진원(陳遠)이란 화가가 인자하고 후덕한 모습으로 그의 초상을 그렸고, 그것을 본 그는 매우 흡족해했다. 비록 폭군이었지만, 백성들에게만은 인자한 황제로 보이기를 원한 것이다.

초상화만큼이나 그에 대한 평가 역시 극단적으로 엇갈린다. 농민봉기를 성공적으로 이끌어 명 왕조의 기반을 다졌다는 긍정적 평가와 극단적인 공포정치를 일삼은 폭군이라는 부정적 평가가 공존하기 때문이다.

> 명 태조는 성현의 면모, 호걸의 기풍, 도적의 성품을 동시에 가진 사람이었다.
>
> _조익(趙翼), 청나라의 고증학자

생각건대, 이 말만큼 주원장을 제대로 평가한 말은 없을 것이다.

리더의 얼굴

명철보신 공성신퇴(明哲保身 功城身退)

공수신퇴(功遂身退)의 삶

손자는 대장군이 반드시 갖춰야 할 덕목으로 지(智), 신(信), 인(仁), 용(勇), 엄(嚴) 다섯 가지를 꼽았다. 그중에서도 '지혜'를 첫손에 꼽았다. 만일 전쟁터에서 장수가 깊은 생각 없이 감정에만 휩쓸려서 경솔한 선택을 하면 전쟁의 승패뿐만 아니라 군사들의 목숨마저 위험하기 때문이다.

지혜를 뜻하는 '智'는 본래 '알 지(知)'와 '말할 왈(曰)'이 합쳐진 글자다. 따라서 지혜(智)라는 말은 '자신이 아는 것(知)을 구체적으로 말하는(曰) 것'이라고 할 수 있다.

그런가 하면 공자는 "지(智)가 무엇이냐?"라는 제자의 물음에 "사람을 아는 일"이라고 했다. 사람을 안다는 것은 수많은 경험과 깊은 혜안 없이는 불가능하다. 즉, 세상 이치에 밝지(哲) 않으면 사람은 물론 세상일 역시 절대 알 수 없다. 그런 점에서 볼 때 지(智)는 지혜라는 긍정적인 뜻과 함께 권모술수와 모략, 책략 등 세상 이치에 관한 모든 것을 담고 있다고 할 수 있다.

"진불구명 퇴불피죄 유인시보(進不求名 退不避罪 惟人是保)."
《손자병법(孫子兵法)》에 나오는 말로 "앞으로 나아가는 데 있어 명예를 구하지 말고, 후퇴하는 데 있어 죄를 피하지 말며, 오직 사람의 목숨을 지키는 것을 그 기준으로 삼아야 한다"라는 뜻이다.

삶에서 나아가고, 물러날 때를 아는 것만큼 중요한 일은 없다. 물러날 때를 몰라서 머뭇거리다가 비명횡사한 이가 적지 않기 때문이다. 진나라 천하통일의 일등 공신인 재상 이사가 그 대표적인 예다. 관직에서 물러난 후 고향에 돌아가 아들과 함께 토끼사냥을 즐기며 사는 것이 꿈이었던 그는 지위가 너무 높아진 것을 걱정하면서도 권력의 끈을 절대 놓지 않았다. 그러다가 결국 역모를 꾀했다는 누명을 쓰고 저잣거리에서 허리가 잘린 채 죽고 말았다. 그만큼 물러날 때를 알기란 매우 어려울 뿐만 아니라 쉽지 않은 결정이다. 그런 점에서 볼 때 '멈춤'과 '그침'의 지혜를 잘 알고 실천했던 장량(張良)이야말로 진정한 처세의 달인이라고 할 수 있다.

장량과 함께 현명한 처신으로 중국인이 가장 자주 칭송하는 인물이 있다. 바로 와신상담(臥薪嘗膽) 고사에 등장하는 월나라의 명재상 '범려(范蠡)'가 바로 그 주인공이다. 장량이 멈출 줄 아는 '지지(知止)'의 삶을 살았다면, 범려는 공을 세운 후 미련 없이 물러나는 '공수신퇴(功遂身退)'의 삶을 살았다.

사실 범려의 출발은 매우 미미했다. 어려서부터 총명하고 다양한 재능을 갖추었지만, 아무도 알아주는 이가 없었기 때문이다. 또한, 아무것도 없는 그가 포부를 밝힐 때마다 '정신 나간 놈'이라며 놀림당하기 일쑤였다. 그런 그를 처음 알아준 사람이 월나라 대부 문종(文種)이었다. 문종은 그가 비범한 인물임을 단번에 알아보고, 그를 월 왕 구천(句踐)에게 소개했다. 그것이 그와 구천의 첫 만남이었다.

최고의 자리에서 물러나다

알다시피, 범려는 부차에게 패한 구천를 수행하며 오나라에서 3년 동안 포로 생활을 했다. 이때 범려의 능력을 알아본 부차가 그에게 자신의 신하가 될 것을 권유했지만, 그는 완곡하게 사양하며 구천에게 충성을 다했다. 그러던 중 부차가 병에 걸리자, 구천에게 부차의 똥을 핥게 하는 엽기적인 행동까지 불사하게 했다. 부차의 환심을 사서 구천에 대한 의심을 풀게 하려는 속셈이었다. 이런 그의 예상은 적중했고, 3년 만에 월나라로 돌아올 수 있었다.

이후 범려는 패망 직전의 월나라를 구한 것은 물론 구천이 복수에 성공할 수 있게 했다. 이때 사용한 방법이 서시(西施)를 이용한 미인계였다. 그런 그의 앞날은 보장된 것이나 마찬가지였다. 하지만 그는 조금도 망설이지 않고 그 자리에서 물러났다.

와신상담 끝에 숙적 오나라를 멸망시키고 패업을 이룬 구천이 논공행상(論功行賞)에 여념이 없을 때 그는 구천을 떠나기로 하고, 한 통의 편지를 그에게 올렸다.

신하 된 자는 군주의 걱정을 덜기 위해 힘쓰고, 군주가 모욕당하면 기꺼이 목숨을 버려야 한다고 들었습니다. 예전에 군주께서 회계에서 갖은 치욕을 당할 때 죽지 않은 것은 복수하기 위해서였습니다. 이제 그것을 이루었으니, 신은 회계에서 지은 죄의 벌을 받고자 합니다.

《사기》 〈월왕구천세가〉 중에서

그러자 구천은 그를 불러 이렇게 말했다.

"나는 세상을 둘로 나누어 그대와 함께 다스리려고 했소."

겉으로는 그의 결심을 돌리기 위한 말이었지만, 사실상 빈 말에 지나지 않았다.

범려가 볼 때 구천은 고난은 함께할 수 있을지언정, 기쁨은 함께 나눌 수 없는 사람이었다. 그 때문에 복수심에 불타올랐던 그가 모든 것을 이룬 후에는 자신의 치욕스러운 과거를 아는 이들을 모두 죽일 것으로 생각했다. 이에 미련 없이 월나라를 떠나 가족과 함께 제나라로 건너갔다. 그리고 얼마 후 자신의 은인이자 생사고락을 함께한 문종에게 "세상 만물은 정점에 이르면 곧 위험에 처하듯, 공(功)이 있으면 화(禍)가 반드시 뒤따른다"라며 한 통의 편지를 보냈다.

새 사냥이 끝나면 좋은 활은 거둬들이기 마련이며, 토끼 사냥이 끝난 사냥개는 주인에게 잡아먹히기 마련입니다. 구천은 고난은 함께 견딜 수 있지만, 즐거움은 함께 누릴 수 없는 인물입니다. 그러니 지금이라도 벼슬을 내놓고 그를 떠나십시오. 그렇지 않으면 틀림없이 참혹한 화를 겪게 될 것입니다.

— 《사기》〈화식열전(貨殖列傳)〉 중에서

'토사구팽(兎死狗烹)'의 유래이기도 한 이 말의 숨은 뜻은 "구천은 틀림없이 효용 가치가 다한 문종을 제거하려 들 것이니, 빨리 피하라"는 경고였다. 그제야 문종은 제 살길을 찾고자 병을 핑계로 구천과 만남을 피했지만, 이를 눈치챈 간신들이 그가 반란을 꾀한다고 중상모략하자 크게 분노한 구천은 그에게 자결을 명했다. 물론 구천 역시 문종이 반란을 꾀하지 않았다는 사실을 알고 있었다. 다만, 문종이 자신의 치욕스러운 과거를 알고 있을 뿐만 아니라 많은 사람의 존경을 받았기에 살려두면 두고두고 화가 될 것을 염려해서 그를 제거한 것이었다. 그런 점에서 볼 때 문종은 뛰어난 재상이기는 했지만, 처세에서는 범려보다 한 수 아래였다.

"만물은 정점에 이르면 곧 위험에 처한다"

제나라로 건너간 범려는 신분을 감추기 위해서 이름을 '치이자피(鴟夷

夷子皮)'로 바꾸었다. 치이자피란 오나라의 공신이었지만, 모함으로 죽임을 당한 오자서(伍子胥)의 시신이 말가죽으로 만든 술 부대에 담겨 물에 던져진 데서 유래한 이름이었다. 그곳에서 그는 소금 장사로 많은 돈을 벌었지만, 곧 모든 재산을 사람들에게 나눠준 후 또다시 홀연히 사라지고 만다. 그가 월나라의 유명한 전략가 범려라는 사실이 알려지자, 제나라 왕이 그를 재상으로 삼으려고 했기 때문이다.

그렇게 제나라를 떠난 그는 얼마 후 노나라 상공업의 중심지인 도(陶)라는 곳에 모습을 드러냈다. 이름 역시 '도주공(陶朱公)'으로 다시 바꾸었다. 그곳에서 그는 자식들과 함께 농사를 짓고, 장사해서 또다시 엄청난 재물을 모았지만, 이 역시 사람들에게 아낌없이 나눠주었다.

명철보신, 공성신퇴(明哲保身 功城身退).

"공을 이루면 그 자리에서 즉시 물러난다"라는 뜻으로 범려의 처세술을 이보다 잘 보여주는 말은 없다. 그만큼 그는 때를 잘 알았다. 높은 자리에 있을 때는 물러날 때를 잘 알았고, 장사할 때는 물건을 사고팔 때를 잘 알았다. 그러니 어려움은 피하고, 큰 부를 이룰 수 있었다. 또한, 그는 부를 오래 누리려면 넘치지 않아야 한다는 사실 역시 잘 알았다. 그 때문에 자신의 부와 명예가 지나치다 싶으면 그것을 주변 사람들과 기꺼이 나누었다. 이런 그의 삶을 두고 사마천은 이렇게 말했다.

범려는 세 번 자리를 옮기고도, 세 번 모두 정점에 올랐다. 자신이 모

시던 군주, 구천을 춘추오패의 맹주로 만들었을 뿐만 아니라 상인(商人)

으로도 큰 명성을 얻었다. 범려야말로 재산으로써 은덕을 널리 베푸는

군자다.

—《사기》〈화식열전〉 중에서

"만물은 정점에 이르면 곧 위험에 처한다."

춘추전국시대 초나라의 대학자 귀곡자(鬼谷子)의 말이다. 범려는 그

의 제자 중 한 명으로 스승의 이 가르침을 그대로 실천했다. 삶의 최고점

에 섰을 때 미련 없이 내려왔고, 힘들게 모은 재산 역시 다른 사람들을

위해 썼다. 그런 점에서 볼 때 범려야말로 지(智)의 삶을 살았다고 할 수

있다.

▎'세 치 혀'에 목숨을 걸다

'변설(辯舌)'의 대가

변설(辯舌). '말을 잘하는 재주'라는 뜻이다. 난세일수록 타고난 말재주로 나라를 구한 것은 물론 기울게 한 이들이 적지 않았다. 그 대표적인 예가 '후공(侯公)'이다. 얼마나 말재주가 뛰어났는지 그는 세 치 혀만으로 항우에게 포로로 붙잡힌 유방의 부모와 처자식을 구출했다. 그러자 유방은 그에게 이렇게 말했다.

"그대는 천하 최고의 변사요. 그 정도면 나라도 기울게 할 것이오."

'나라도 기울게 할 정도'라는 뜻의 '경국(傾國)'의 유래로《사기》〈항우본기〉에 나온다.

《사기》를 보면 세 치 혀로 세상을 손안에 놓고 주무른 유세객의 이야기가 자주 나온다. 합종책을 제시한 소진(蘇秦)과 연횡책을 주창한 장의(張儀)가 그 대표적인 인물이다. 혀 하나로 세상을 마음대로 좌지우지했던 만큼 그들의 삶 역시 화려할 것 같지만, 실제 그들의 삶은 비극 그 자체였다. 소진은 자객에 의해 암살당했는가 하면, 장의는 진나라에서 실각한 후 위나라로 망명했다가 재상이 된 지 1년 만에 죽었기 때문이다.

그들의 삶이 비참하게 끝난 이유는 의외로 단순하다. 진심이 아닌 겉만 화려한 말을 일삼았기 때문이다. 즉, 진정성이 담기지 않은 화려한 미사여구로 군주들을 농락해서 그들의 분노를 산 나머지 죽음에 이른 것이다. 그래서인지 공자는 말만 잘하는 이들을 몹시 경계했다.

> 말을 공교롭게 하면서 얼굴색을 예쁘게 꾸미는 자는 어진 이가 드물다(子曰, 巧言令色 鮮矣仁).
>
> _《논어》〈학이(學而)〉편 제3장 중에서

그러면서 차라리 어눌한 말이 오히려 인(仁)에 더 가깝다고 했다.

> 굳세고, 꿋꿋하고, 질박하고, 어눌함이 인(仁)에 가깝다(子曰, 剛毅木訥近仁).
>
> _《논어》〈자로(子路)〉편 제27장 중에서

번지르르하게 말만 잘하는 이들은 자기 재주만 믿고 마땅히 해야 할 일을 하지 않기 때문이다. 즉, 말과 행동이 일치하지 않는 것이다. 그리고 이는 결국 백성의 삶에 큰 영향을 미치니, 공자로서는 그것을 걱정해서 한 말이 아닌가 싶다.

합종책, 전무후무한 6국 재상의 탄생

2,300여 년 전 중국 춘추전국시대. 당시 서쪽에는 중원의 패자 진(秦) 나라가 자리하고 있었고, 동쪽에는 고만고만한 6국이 북에서 남으로 들어서 있었다. 위(魏), 조(趙), 연(燕), 제(齊), 초(楚), 한(韓)이 바로 그것으로, 진나라와 비교해서 군사력이 매우 약했던 6국은 잠시도 안심할 수 없었다. 언제 진나라가 쳐들어올지 알 수 없었기 때문이다. 그야말로 내일을 기약할 수 없는 운명이었다. 이때 각국을 떠돌던 유세객 소진이 묘안을 냈다. 6국이 연합해서 진에 맞서자는 것으로, 이른바 '합종책(合縱策)'이었다.

결국, 그의 꾐에 넘어간 6국 군주는 합종책으로 진나라에 맞선 것은 물론 그것을 주장한 소진을 재상으로 임명했다. 중국 역사상 전무후무한 6국의 재상이 탄생한 순간이었다.

소진의 현란하고 논리정연 말솜씨는 당시 각국의 복잡한 이해관계를 일목요연하게 정리했다. 그만큼 그는 각국의 현황은 물론 군주들의 마음을 훤히 꿰뚫었다. 그는 각국의 지리적 상황과 군사력은 물론 다른 나라와 동맹을 맺어 진나라에 대항하는 것이 유리한지, 아니면 다른 나라와의 외교 관계를 끊은 후 진나라에 굴복하는 것이 유리한지 등을 객관적으로 비교, 분석한 후 "닭의 머리가 될지언정, 소의 꼬리는 되지 말아야 한다(鷄口牛後)"라는 말로 6국 군주를 설득했다.

> 한나라는 땅이 넓을 뿐만 아니라 강병을 보유하고 있습니다. 그런데도 싸우지 않고 진나라를 섬기면 천하의 웃음거리가 될 것입니다. 더욱이 그렇게 되면 진나라는 한 치의 땅도 남기지 않고 빼앗을 것이 뻔합니다. 하오니, 차제에 6국이 남북, 즉 세로(縱)로 손을 잡는 합종책으로 진나라의 동진을 막고 국토를 보전하십시오. '차라리 닭의 부리가 될지언정, 쇠꼬리는 되지 말라'라는 옛말도 있지 않습니까.
>
> **_《사기》〈소진열전〉 중에서_**

적어도 한 나라의 군주라면 큰 나라에 비겁하게 머리 숙이지 말고 당당해야 한다는 논리였다. 즉, 큰 나라에 굴복하기보다는 자생력을 갖춰야 한다는 뜻으로, 군주들의 자존심을 건드리는 말이었다. 그러니 어떤 군주도 그의 말을 쉽게 거절할 수 없었다.

'세 치 혀'로 세상을 사로잡다

소진은 동주(東周, 상나라를 멸망시키고 건국한 시기부터 천도 이전까지의 주나라를 서주, 그 이후 전국시대까지 생존했던 주나라를 동주라고 부른다) 낙양 출신으로 일찍이 제(齊)나라에 가서 귀곡자에게 학문을 배웠다. 귀곡자란 이름은 진(晉)나라 사람으로 제나라 '귀곡'에 은

거한 데서 유래한 것으로, 그는 정치뿐만 아니라 천문·지리·병법·심리·처세 등에 모두 능통했다. 그는 이 중에서 특히 심리를 강조했다. 이익을 얻으려면 상대의 마음을 속속들이 알아야 하기 때문이다. 그러다 보니 제자들에게도 인의예지보다는 각종 책략 및 권모술수, 독심술 등을 가르쳤고, 그 소문을 들은 이들이 여기저기서 몰려왔다.

소진 역시 그렇게 해서 그의 제자가 되었다. 이때 그와 함께 동문수학했던 이로는 《손자병법》을 쓴 손무(孫武)의 손자 손빈(孫臏)과 위나라의 대장군 방연(龐涓), 진나라를 중심으로 6국이 연합해야 한다는 '연횡론(連衡策)'을 주장했던 장의가 있다. 이 중 장의는 외교술로 세상에 나가 뜻을 펼치고자 했던 점에서는 그와 뜻이 같았지만, 스승의 배움을 풀어쓰는 방법에서는 매우 상반된 모습을 보였다.

먼저 출세한 사람은 소진이었다. 소진의 합종책이 먼저 채택되어 6국이 연합해서 진나라에 대항했기 때문이다. 그 결과, 진나라는 15년여 동안 국경 밖으로 진출하지 못할 만큼 국력이 크게 위축되었다. 하지만 합종책의 틈을 이용한 장의의 활약으로 인해 곧 연횡책이 성립되어 진나라는 천하통일로 가는 기반을 닦을 수 있었다.

소진과 장의는 단순히 세 치 혀에만 의존해서 출세한 것이 아니다. 뛰어난 스승에게 가르침을 받았을 뿐만 아니라 하루가 다르게 변하는 국제정세에 관한 공부와 분석 역시 게을리하지 않았다. 그리고 그 과정에서 상대가 있어야 내가 있고, 상대가 커야 내가 클 수 있음을 깨닫고 치열하게 경쟁했다. 이에 사마천은 두 사람을 다음과 같이 평했다.

삼진(三晉, 춘추시대 말 진나라를 받든 세 재상인 위사(魏斯), 조적(趙籍), 한건(韓虔)이 각각 세운 위나라, 조나라, 한나라를 이르는 말)에는 권모술수와 임기응변에 능한 유세객이 많았다. 합종론과 연횡론을 주장하며 진나라를 강하게 만든 자들은 대부분 삼진 출신이다. 그중 장의의 계책은 소진의 것보다 더 교활한 데가 있다. 그런데도 세상 사람들은 소진을 더욱 미워한다. 그 까닭은 그가 먼저 죽자 장의가 그의 단점을 드러내고 자신의 주장을 합리화했기 때문이다. 요컨대, 두 사람 모두 나라를 기울게 하는 위험한 인물이었다고 하겠다.

_《사기》〈장의열전(張儀列傳)〉 중에서

'맹(盟)'이란 글자는 춘추전국시대 패권국과 종속국 간에 그릇에 피를 발라서 신의를 약속한 것에서 유래했다. 그것이 맹(盟)이란 글자에 '그릇(皿)'이 있는 이유다. 이를 회맹(會盟)이라고 했는데, 이후 대등한 국가 간의 약속으로 변하면서 동맹(同盟)이라고 칭했다.

소진의 합종책은 전국시대를 대표하는 동맹이다. 그만큼 신뢰가 중요했고, 신뢰가 무너지면 모든 것이 끝이었다. 그리고 이는 곧 현실로 나타났다. 그가 6국 재상이 되자 여기저기서 그를 시기하고 비판하는 소리가 끊이지 않았기 때문이다.

"소진은 여러 나라의 이름을 팔고 다니는 두 마음을 품은 자다. 머잖아 틀림없이 반란을 일으킬 것이다."

아닌 게 아니라, 그는 딱히 어느 나라의 재상인지 정해지지 않았기에 이해관계에 따라 다른 나라를 속이는 짓도 서슴지 않았다. 그러다 보니 동맹이 깨지는 것은 시간문제였고, 그런 우려는 곧 현실이 되었다. 이런 저런 이유로 합종책이 결국 깨졌기 때문이다. 당연히 그 책임은 소진에게 고스란히 쏟아졌고, 그는 처음 관직을 얻은 연나라로 돌아가야만 했다. 하지만 연나라 역시 그를 의심하기는 마찬가지였다. 더욱이 연나라 신하들은 왕에게 그를 참소하라고 거듭 주장했다. 이때 소진의 뛰어난 변설이 다시 한번 빛을 발했다.

소진이 연 왕에게 말했다.

"노(魯)나라에 미고(尾高)라는 사람이 있었습니다. 그는 벼슬에 오르지 못했기 때문에 당시 풍습에 따라 이름자 대신 생(生)을 넣어 미생(尾生)이라고 불렸는데, 한 번 약속하면 무슨 일이 있어도 지킬 만큼 우직했습니다. 어느 날, 그는 한 여인과 다리 밑에서 만나기로 약속했습니다. 그런데 한참이 지나도 여인이 나타나지 않았습니다. 그러는 동안 밀물로 인해 개울물이 급속히 불어나 턱밑까지 차올랐습니다. 그래도 그는 약속을 지키기 위해 자리를 떠나지 않았고, 결국 교각을 끌어안은 채 죽고 말았습니다. … (중략) … 충의와 신의를 다한다고 해서 절대 벌을 안 받는다고는 할 수는 없습니다. 불행히도 저의 경우가 바로 그와 같습니다."

—《사기》〈소진열전〉 중에서

융통성이 없이 우직하게 약속을 지킨 미생에 자신을 비유하며, 위기를 극복하고자 한 것이다. 결국, 소진의 설득에 넘어간 연 왕은 그에게 다시 벼슬을 내렸고, 전보다 훨씬 극진하게 대접했다.

"사람의 마음을 꿰뚫은 지(智)의 삶"

《사기》에 의하면, 소진은 제나라에서 반간 혐의로 죽었다. 하지만 그 행간에는 한 가지 사실이 숨겨져 있다.

연나라 재상 시절, 그는 연 문후(文侯)의 부인과 사통했다. 그런데 새로 왕위에 오른 그의 아들 역왕(易王)에게 그것을 들킬 것을 염려한 나머지 제나라로 달아났다가 자객이 찌른 칼에 그만 치명상을 입고 말았다. 제 선왕(宣王)이 범인을 잡으려고 했지만, 끝내 찾지 못했다. 그러자 죽음을 앞둔 소진이 선왕에게 다음과 같이 말했다.

"제가 죽으면 소진은 연나라의 첩자라는 말을 유포하고 시체를 수레에 매달아 사지를 찢는 형벌에 처하십시오. 그리고 저를 암살한 자에게 후한 상을 내린다는 방을 붙이면 틀림없이 범인을 붙잡으실 수 있을 것입니다."

과연, 그의 말대로 했더니 자객이 스스로 나타나서 그의 원수를 갚을 수 있었다. 그러자 선왕은 소진이 죽어가면서도 꾀를 내어 원수를 잡았다며 그를 칭찬했다.

이런 소진의 삶을 사마천은 '지(智)'라고 평했다. 보통 사람은 살아생전 한 명의 군주를 만나는 것은 물론 설득하기도 힘든데, 그는 6국 군주를 만난 것은 물론 그들 모두를 설득하는 데 성공했기 때문이다. 각국에 대한 해박한 지식은 물론 위험을 무릅쓰는 담대함 없이는 절대 불가능한 일이었다. 군주들의 마음 역시 능수능란하게 조종할 줄 알아야 한다. 그런 점에서 볼 때 소진이야말로 지혜로운 처신을 통해 자기만의 세계를 구축했다고 할 수 있다. 하지만 안타깝게도 그것을 끝까지 지키지는 못했다. 이에 사마천은 소진의 삶을 다음과 같이 요약했다.

천하 열국이 진과의 연횡을 경계한 것은 진의 그칠 줄 모르는 침략 의도를 두려워했기 때문이다. 그러나 소진은 열국을 존속시키고 합종을 맹약하게 하여 탐욕스러운 강대국 진을 눌렀다.

**《사기》〈소진열전〉 중에서**

권력을 향한 끊임없는 질주

진나라 천하통일의 설계자이자, 멸망의 원흉

능변의 지략가로 진시황을 도와 진나라의 천하통일에 큰 공을 세운 인물이 있다. 만일 그가 없었다면 진시황의 천하통일은 불가능했을 것이라고 수많은 역사가가 말할 정도다. 그는 "태산(泰山)은 한 줌의 흙도 물리치지 않습니다. 그래서 더 높게 이룹니다. 하해(河海)는 가는 물줄기 하나도 거부하지 않습니다. 따라서 깊이를 더합니다. 왕자(王者)는 어떤 백성도 가리지 않고 써야 합니다. 그래야 덕을 천하에 밝힐 수 있는 것입니다"라는 말로 포용 정치를 주장하며 천하의 인재 등용에 앞장섰고, 통일 후 각 분야의 개혁을 주도했다. 화폐단위와 도량형을 통일하고, 흉노의 침입을 막기 위해 만리장성을 쌓은 것도 그였다. 하지만 곧 무자비한 탄압의 당사자로 돌변하며, 진나라를 멸망하게 한 원흉으로 평가받고 있다.

그 논란의 당사자는 바로 이사(李斯)다. 그는 시대 흐름과 국제정세를 정확히 읽는 뛰어난 통찰력과 지략으로 진나라를 절대 강자로 만드는 데 크게 이바지했다. 하지만 아이러니하게도 진나라와 진시황을 무너지게 한 사람 역시 그였다.

승상 이사의 제언(提言)에 따라 진시황 34년 분서를 명하고, 다음 해에는 학자 460여 명을 땅에 묻어 죽였다.

—《사기》〈진시황본기〉 중에서

이는 분서갱유(焚書坑儒)를 말하는 것으로, 진나라 멸망의 원인이 된 것은 물론 후대에 진시황을 깎아내리는 데 결정적 근거가 되었다. 그 계기는 군현제(郡縣制)의 시행이었다.

알다시피, 진나라는 천하통일 후 봉건제를 폐지하고 군현제를 시행했다. 군현제는 전국을 36개 군으로 나눈 후 그 아래에 현을 두고 중앙에서 관리를 파견하는 통치체제로, 이를 통해 진시황은 관리의 부정부패를 막은 것은 물론 반란의 구심점 역시 사전에 제거하면서 막강한 중앙 집권 체제를 완성할 수 있었다. 이 군현제를 만든 사람이 바로 이사였다.

진시황 34년, 전국에서 부로(父老) 70여 명을 초대해 연회를 벌였다. 이때 참가자 중 한 명인 복야 주청신(周青臣)이 황제의 공덕과 군현제의 시행을 찬양하자, 순우월(淳于越)이 옛것을 버리는 것은 옳지 않다면서 황실의 무궁한 안녕을 위해 봉건제로 돌아갈 것을 진언했다.

그 말에 황제가 신하들에게 의견을 묻자, 승상 이사가 말했다.

"봉건시대에는 제후 간에 전쟁이 끊이지 않아 천하가 어지러웠지만, 이제는 통일이 되었고, 법령도 한 곳에서 발령되어 안정을 되찾았습니다. 하지만 옛 책을 배운 사람 중에는 여전히 그것만 옳다고 생각해 새로운 법령이나 정책에 대해서 비방하는 자들이 있습니다. 그러니 백성들에게 꼭 필요한 의약, 복서(점술서), 농업에 관한 책과 진(秦)나라 역사서 외에는 모두 수거하여 불태워 없애 버리십시오."

— 《사기》〈진시황본기〉 중에서

이렇게 해서 제자백가의 책과 수많은 역사책이 불태워졌는데, 이것이 바로 분서(焚書)다. 그런데 당시에는 종이가 발명되기 전이라서 대부분 책이 죽간(竹簡, 대나무의 마디를 이용해 글을 쓰던 재료)으로 만들어져 한 번 불태워지면 복원이 불가능했다. 그 결과, 희귀한 옛 문헌이 수없이 사라졌다. 문제는 그것이 끝이 아니었다는 점이다. 1년 후 또 다른 초유의 사태가 일어났다. 바로 갱유(坑儒)다.

진시황 35년, 후생(侯生)과 노생(盧生)이라는 방사(方士)가 진시황을 위해 불로장생의 약초를 구하기 위해 떠났다. 그러나 두 사람은 애초에 그런 약초가 존재하지 않는다는 사실을 알았고, 이 사실이 발각될까 봐 몰래 도망가고 말았다. 이 소식을 들은 유생들은 너나 할 것 없이 황제를 비난했고, 이를 안 황제는 대로해서 그들을 붙잡아 심문했다. 그런데 유생들이 살기 위해 다른 사람을 밀고하면서 연루자가 460여 명에 이르렀다. 황제는 그들 모두를 함양으로 붙잡아 와서 생매장하며 일벌백계의 의지를 보였다.

—《사기》〈진시황본기〉 중에서

하지만 이는 사실관계가 분명하지 않고, 다른 주장 역시 많아서 후세의 조작으로 보는 사람도 적지 않다. 나아가 분서갱유는 진시황이 아닌 이사에 의한 참변이었다고 말하기도 한다. 거기에는 정적들을 하나씩 제거해가면서 더 많은 권력을 탐하고자 했던 그의 끊임없는 욕심이 숨어 있기 때문이다.

동문수학한 벗마저 죽인 두 얼굴의 위선자

재소자처(在所自處). "사람은 자신이 처한 상황에 따라 바뀐다"라는 뜻으로, 이사가 초나라 하급 관리 시절에 화장실에서 쥐를 보고 깨우친 처세의 원리이기도 하다.

어느 날, 그는 변소에서 사람 소리를 듣고 깜짝 놀라서 달아나는 쥐를 보았다. 하지만 모든 쥐가 사람 소리에 놀라는 것은 아니었다. 곡식 창고 안에 있는 쥐는 사람은 신경도 쓰지 않은 채 곡식 먹기에만 바빴다. 이를 본 이사는 탄식하며 이렇게 말했다.

"사람이 어질거나 못난 것 역시 이런 쥐와 같아서 자신이 처한 곳에 따
　라 바뀔 뿐이구나."

—《사기》〈이사열전〉 중에서

　이를 계기로 그는 부유한 집의 쥐처럼 살기 위해 초나라를 떠나 제나
라로 가서 순자(荀子)에게 7년 동안 학문을 배웠다. 이때 동문수학한 이
가 법가사상의 대가 한비자였다.

　그가 어느 정도 학문의 진전을 이룬 후 진나라로 건너가려고 하자 스
승 순자가 물었다.

　"왜 조국 초나라가 아닌 진나라로 가려고 하느냐?"

　그러자 그는 이렇게 답했다.

　"진나라만이 모든 준비가 된 나라입니다. 그래서 저는 진나라로 가서
기회를 찾고자 합니다."

　그리고 진나라로 건너가 여불위의 식객이 된 후 그의 추천으로 13살밖
에 되지 않았던 어린 왕 영정(瀛政, 진시황의 이름)과 만나게 되었다. 이
후 온갖 감언이설로 영정의 마음을 사로잡은 그는 출세를 거듭하며 승상
자리까지 올랐다.

　위기가 전혀 없었던 것은 아니다. 벼슬살이한 지 얼마 되지 않았을 때
진시황이 '축객령(逐客令)'을 내렸다. 진나라의 치수(治水) 사업을 맡고
있던 정국(鄭國)이 한(韓)나라의 첩자임이 밝혀지자 모든 외국 국적 관
리의 추방을 명한 것이다. 초나라 출신인 이사 역시 당연히 그 명단에 끼

어 있었다. 이때 이사는 분연히 다음과 같은 글을 올려 호소했다.

태산(泰山)은 한 줌의 흙도 양보하지 않아 저렇게 커졌으며, 하해(河海)는 한 줄기 세류(細流)도 가리지 않아 저렇게 깊어졌습니다. … (중략) … 무릇, 물건이 진(秦)나라에서 나지 않았더라도 보물로 여길만한 것이 많고, 선비가 진나라에서 태어나지 않았더라도 진나라에 충성되기를 원하는 이가 많습니다. 그런데 이제 밖에서 온 이들을 내쫓아 적국에 보탬이 되게 하고, 찾아온 백성을 버려 원수의 나라에 이익이 되게 한다면, 이는 안으로는 나라를 비게 하고, 밖으로는 그 원망하는 마음을 제후들에게 옮겨 심게 하는 격이니, 나라가 위태롭지 않기를 바라도 그리될 수 없을 것입니다.

—《사기》〈이사열전〉 중에서

이것이 바로 그 유명한 '간축객서(諫逐客書)' 즉, '상진황축객서(上秦皇逐客書)'다. 결국, 그의 말에 크게 감동한 진시황은 축출령(逐出令)을 즉시 취소하고, 그를 다시 중용했다. 사실 이때만 해도 이사는 자기 이익보다는 진나라의 안정과 앞날을 먼저 생각했다. 이에 각 분야의 개혁을 주도하고, 통일 전략을 설계하며, 통일 후의 일을 준비했다. 그러면서도 권력을 끊임없이 탐하며 정적들을 하나둘씩 죽여 나갔다. 동문수학했던 한비자 역시 그렇게 해서 죽였다.

우연히 한비자의 〈고분(孤憤)〉과 〈오두(五蠹)〉를 읽고 크게 감동한 진시황은 "이 사람과 교유한다면 더는 바랄 것이 없겠다"라고 했을 만큼 한비자를 높이 평가했다. 진심으로 그를 얻고 싶었던 진시황에게 그는 이렇게 말했다.

"한비를 얻고 싶다면 한나라를 공격하십시오. 그러면 한비가 사신으로 올 것이니, 그때 회유하면 됩니다."

얼마 후 진시황은 그의 말대로 한나라를 공격했고, 위기에 처한 한나라는 곧 한비자를 사신으로 보내왔다. 하지만 그는 그 틈을 노려 한비자를 옥에 가두고 독살시켜 버렸다.

> 한비자는 한나라의 왕족 출신이라서 진나라에 대한 충성심이 조금도 없고, 그가 말한 계책은 전부 한나라를 위한 계책이옵니다.
>
> **—《사기》〈진시황본기〉 중에서**

이사는 한비자가 한나라 정벌에 방해가 될 것을 염려하면서도 그의 뛰어난 능력을 매우 시기했다. 심지어 한비자의 책을 금서로 지정하기까지 했다. 진시황의 총애를 잃을까 봐 두려웠기 때문이다.

이후 그는 숨겨둔 야심을 본격적으로 드러내기 시작했다. 급기야 희대의 간신 조고(趙高)와 손잡고 진시황의 유서를 조작하며 그의 탐욕은 절정에 이르렀다.

알다시피, 진시황은 장남 부소(扶蘇)를 후계자로 지목하는 유서를 남겼다. 하지만 그와 조고는 그것을 조작해 진시황의 여덟 번째 아들인 호해(胡亥)를 진의 제2대 황제로 옹립했다. 중국 역사상 최고의 암군이 즉위하는 순간이었다. 문제는 이사와 호해의 관계 역시 그리 오래가지 못했다는 것이다. 비록 일신의 영달을 위해 유언을 조작했지만, 적어도 이사에게는 나라를 생각하는 마음이 조금은 있었다. 이에 조고의 농간과 거듭되는 호해의 실정(失政)을 간언했지만, 이를 자신에 대한 도전으로 생각한 호해는 결국 그를 숙청하고 말았다.

과유불급(過猶不及), 지나친 것은 미치지 못한 것과 같다

"천한 사람은 지위를 얻기 전에는 그것을 얻으려고 끊임없이 걱정하고, 그것을 얻은 후에는 다시 잃을까 봐 끊임없이 걱정한다. 그리고 그것을 잃게 되면 못 하는 짓이 없다."

《논어》〈양화(陽貨)〉편 제15장에 나오는 말이다. 이사의 삶을 이보다 더 정확히 표현하는 말은 없을 것이다.

천하통일 후 그가 승상 자리에 오르자, 그의 집에 선물을 가득 실은 수레가 매일 수천 대씩 몰려들었다. 이를 본 그는 자신의 지위가 너무 높아진 것을 보고 걱정하면서도 그것을 절대 놓으려고 하지 않았다. 그러다가 결국, 역모를 꾀했다는 혐의를 쓰고 비참한 최후를 맞았다.

공자는 "지나친 것은 미치지 못한 것과 같다(過猶不及)"라고 했다. 지나친 욕심은 결국 화를 부르기 때문이다.

자공(子貢)이 스승을 향해 물었다.

"사(師, 공자의 제자 '자장'의 이름으로 거(莒)나라의 재상을 지냈다)
와 상(商, 공자의 제자 '자하'의 이름으로 위나라의 정치가이자 철학자)
은 어느 쪽이 어집니까?"

그 말에 스승이 답했다.

"사는 지나치고, 상은 미치지 못한다."

"그러면 사가 더 낫다는 말씀입니까?"

"지나친 것은 미치지 못한 것과 같다(過猶不及)."

_《논어》〈선진(先進)〉편 제15장 중에서

비록 이사는 뛰어난 능력을 갖추고 있었지만, 그것을 올바른 곳에 쓰
지 못한 채 끊임없이 권력만 탐하다가 나라를 망친 간신의 표본으로 역
사에 기록되었다.

이렇듯 지나친 욕심은 생명을 위협할 뿐만 아니라 나라마저 무너뜨릴
수 있다. 그러니 적당한 선에서 멈출 줄 알아야 한다. 과연, 이사는 자신의
비극적인 결말을 알고 있었을까.

인간의 본성을 꿰뚫다

말더듬이 유세객

중국 최초의 통일국가 진(秦)의 법과 형벌은 매우 가혹했다. 이민족의 침입을 막기 위해 만리장성을 쌓고, 큰 토목 공사와 진시황의 무덤을 짓는 데 백성을 수시로 동원했는가 하면 이를 어기는 이들에게는 혹독한 형벌을 가했기 때문이다. 그 결과, 진승·오광의 난을 시작으로 대대적인 민란이 일어나 결국 통일 후 15년 만에 멸망하고 말았다. 최초의 통일국가에서 가장 단명한 왕조가 된 셈이다.

진나라의 가혹한 법의 기틀을 마련한 이는 법가 사상가인 상앙(商鞅)과 이사였다. 두 사람은 엄격한 법률을 만들어 집행하고, 이를 어기는 이들에게는 혹독한 벌을 가함으로써 변방 국가에 불과했던 진을 단숨에 강대한 제국으로 만들었다. 나아가 이는 훗날 진나라가 천하를 통일하는 중요한 기반이 되었다. 하지만 그렇게 해서 만든 가혹한 법은 결국 수많은 피와 희생을 불렀다. 아이러니한 것은 그 법을 만든 당사자인 상앙과 이사 역시 그 법에 따라 참혹한 죽음을 맞았다는 것이다. 상앙은 반대파에 쫓겨 도망갔다가 사지가 찢기는 거열형(車裂刑)을 당했고, 이사는 환관 조고의 모함을 받아 허리가 잘리는 요참형(腰斬刑)에 처해졌다. 이를 두고 사마천은 자신을 궁형(宮刑)에 처한 한나라의 법은 차라리 관대한 편이라며, 진나라의 법의 가혹함에 대해서 다음과 같이 말했다.

법망이 촘촘할수록 백성의 간교함은 도리어 악랄해졌다. 법령이란 다스림의 도구일 뿐이다. 진나라의 법망은 치밀했지만, 간사함과 거짓은 싹이 움트듯 일어났다. 그것은 불은 그대로 둔 채 끓는 물만 식히려고 했기 때문이다. 법망은 배를 집어삼킬 만한 큰 고기도 빠져나갈 수 있을 정도로 너그러워야 한다.

—《사기》〈혹리열전(酷吏列傳)〉 중에서

수많은 영웅이 하루가 멀다고 약육강식의 쟁탈전을 벌이던 춘추전국시대 각국 군주는 생존은 물론 천하 제패를 위해 뛰어난 능력과 역량을 지닌 인재를 갈구했다. 이때 등장한 것이 '제자백가(諸子百家, 춘추전국시대에 활약한 학자와 학파의 총칭)'다. 하지만 그 대부분은 현실을 뛰어넘는 지나친 이상주의를 표방하거나 농본주의, 복고주의를 지향했다. 법가만이 유일하게 새로운 사회의 대응 방식을 주장했다.

법가는 공자의 유가(儒家), 노자의 도가(道家) 그리고 묵자의 묵가(墨

家)와 함께 제자백가를 대표하는 네 개의 유파 중 하나로 법만이 모든 것을 해결할 수 있다고 봤다. 혼란으로 인한 백성의 고통을 없애는 유일한 방법은 엄격한 법 집행에 있다고 생각했기 때문이다. 그 대표적인 인물이 앞서 말한 상앙과 이사, 관중(管仲, 제나라의 재상), 신불해(申不害, 한나라의 재상)로, 그들은 백성을 잘 다스려서 부강한 나라를 만들려면 강력한 중앙집권 체제가 이루어져야 한다고 생각했다. 봉건제가 아닌 군현제를 선호한 것이다.

당연히 천하 제패를 노리는 이들 중에는 법가를 선호하는 이가 많았다. 진시황과 조조가 바로 그 대표적인 주인공이다. 그들은 엄격한 법치(法治)와 술치(術治), 세치(勢治)를 통해 부국강병과 군주의 권력을 확고히 하고자 했다. 여기서 법(法)은 군주가 정하는 규범을, 술(術)은 법을 행하는 수단을, 세(勢)는 군주가 신하를 관리하고 주도권을 잡는 방법을 말한다.

이런 법가 사상을 집대성한 이가 바로 한비자였다. 본명이 한비(韓非)인 그는 전국시대 말기 한(韓)나라에서 한 왕 안(安)의 서자로 태어났지만, 신분이 낮은 어머니 때문에 제대로 대우받지 못했다. 그 때문에 일찍부터 학문에 정진해 법가뿐만 아니라 도가, 유가, 묵가 등 여러 학문을 두루 섭렵했는데, 그중에서 그가 주목한 것은 법가였다.

알다시피, 한비자가 살던 시대는 중국 역사상 가장 강대했던 제후국들이 약육강식의 쟁탈전을 벌이던 난세로 신하가 군주를 시해하고, 아들이 부친을 살해하는 등 비윤리적인 일이 수시로 일어났다. 더욱이 그가 태어난 한나라는 서쪽으로 진(秦)나라, 북쪽으로 위나라, 동쪽으로 제나라, 남쪽으로 초나라 등 강대국에 둘러싸여 있어서 존망 자체가 수시로 위협받았다. 그걸 보면서 그는 기존의 사고와 체제로는 나라를 절대 부강하게 할 수 없다고 생각하고, 법치라는 새로운 이념으로써 나라를 다스릴 것을 한나라 왕에게 건의했지만, 심하게 말을 더듬는 그의 의견은 받아들여지지 않았다. 그러자 그는 울분 터트리며 10만 자에 달하는 책을 썼는데, 그것이 바로《한비자》다.

"인간의 마음을 믿지 말라, 공과만 따져라"

한비자는 법사상의 완성을 도의 실현으로 보았다. 그가 생각한 법치주의의 이상적 형태는 '군주가 형벌을 행하지 않아서 누구도 다치지 않는 것'이었다. 즉, 그는 법 없이도 살 수 있는 사회를 지향했다. 하지만 이는 그가 말한 '어떤 방패도 뚫고 들어가는 창과 어떤 창도 막아내는 방패'에 관한 이야기만큼이나 모순(矛盾)되는 것이었다. 법 없이 살 수 있는 사회란 어디에도 존재하지 않기 때문이다. 나아가 이는 인간을 움직이는 것은 애정도, 의리도, 인정도 아닌 '이익'이기에 "인간의 마음을 믿지 말고, 그 공과만 따져라"라고 했던 그의 주장과도 정면으로 배치된다.

말했다시피, 그는 말을 심하게 더듬었다. 그러다 보니 그와 대화하려면 상당한 인내가 필요했다. 말 한마디로 출세가 결정되던 시대, 이는 엄청난 콤플렉스였다. 누구보다 그 자신이 그것을 잘 알았다. 하지만 한쪽이 기울면 다른 한쪽이 흥하듯, 그는 서툰 말솜씨와는 달리, 누구도 범접

하지 못할 재주를 갖고 있었다. 바로 탁월한 논리력과 문장력이었다. 그것을 알아본 사람이 바로 진시황이었다. 우연히 그가 쓴 〈고분〉과 〈오두〉를 읽은 진시황은 그의 뛰어난 지략에 감탄했지만, 이사의 계략에 휘말려 결국 그를 죽이고 말았다. 그가 역린(逆鱗)을 건드렸기 때문이다. 아이러니한 것은 평소 한비자는 최고의 화술은 수려한 말재주가 아니라 상대의 마음을 읽는 독심(讀心)에 있다며, 설득의 핵심은 상대의 치명적인 약점, 즉 역린(逆鱗)을 건드리지 않는 데 있음을 강조했다는 점이다.

> 무릇, 용이란 동물은 잘만 길들이면 등에 타고 하늘을 날 수 있다. 하지만 턱밑에 한 자쯤 거꾸로 난 비늘(逆鱗)이 있는데, 이걸 건드리면 누구나 죽임을 당한다. 유세하는 이가 군주의 역린을 건드리지만 않으면 목숨을 잃지 않고 유세도 절반쯤은 먹힌 셈이다.
>
> —《한비자》〈세난(說難)〉편 중에서

진시황에게 있어 법가 사상은 통치 수단일 뿐이었다. 그 때문에 결과만 좋으면 과정은 전혀 문제 삼지 않았다. 하지만 한비자는 진시황에게 그것이 잘못되었음을 낱낱이 지적했다. 한마디로 진시황의 마음을 제대로 읽지 못한 셈이다. 진시황은 그런 그에게 더는 마음을 주지 않았고, 결국 이사의 뜻대로 그를 죽이고 말았다.

그래서일까. 한비자는 인간은 믿을 수 있는 존재가 아니라고 했다. 그는 "인간의 마음을 움직이는 것은 인(仁)도, 예(禮)도, 의(義)도 아닌 오로지 이익뿐"이라며 이렇게 말했다.

"인간의 마음을 믿지 말라. 인간이 행한 공과만 따져라."

제왕들의 필독서 《한비자》

"제왕들은 남이 볼 때는 《논어》를 읽고, 혼자 있을 때는 《한비자》를 읽었다."

중국 역사학자 리중톈의 말이다. 그만큼 한비자의 사상은 중국 역대 군주들이 통치 지침으로 삼을 만큼 많은 공감을 얻었다. 유비 역시 죽음을 앞두고 아들 유선에게 반드시 읽으라고 당부했을 정도였다. 하지만 군주 위주의 사고방식과 도덕과 양심보다는 법치에 치우친 사상, 인간에 대한 극도의 불신을 품고 있기에 다소 과격하다는 평가 역시 존재한다.

만인지상 군주의 권위를 중시하고, 개인보다는 나라의 생존과 부국강병이 목표였던 시대에는 그런 사상이 적합했는지도 모른다. 하지만 지금은 그런 시대가 아니다. 그러다 보니 그의 사상을 액면 그대로 받아들이기에는 분명 한계가 있다. 한비자 역시 그것을 잘 알았다. 당시 사상가들은 옛 성인의 말에 근거해서 자신의 주장을 내세웠지만, 그는 "역사는 항상 진화하기에 늘 새로운 변화를 꾀해야 한다"라며, "옛것에만 집착하면 새로운 시대에 적응할 수 없다"라고 한 것이 그 방증이다. 그러면서 다음과 같이 말했다.

송나라에 한 농부가 있었다. 하루는 밭을 가는데 토끼 한 마리가 달려

오더니 밭 가운데 있는 그루터기에 머리를 들이받고 목이 부러져 죽었다. 횡재한 농부는 그때부터 농사는 접은 채 온종일 나무 밑동만 바라보며 토끼가 와서 부딪혀서 죽기만을 기다렸다. 하지만 한 마리도 더는 얻을 수 없었다. 결국 뒤늦게 정신 차리고 밭에 가 보았지만 이미 잡초가 우거졌다. 이렇게 일 년 농사를 망친 농부는 사람들의 웃음거리가 되었다.

_《한비자》〈오두〉편 중에서

여기서 나온 말이 '수주대토(守株待兔)'로 '어떤 착각에 빠져서 되지도 않을 일을 공연히 고집하는 어리석음'을 비유하는 말이다. 즉, 남들의 웃음거리가 되지 않으려면 "과거에만 매달리지 말고 혁신하라"라는 가르침이다. 아울러, 그는 "법은 처음에는 고통이 따르지만, 나중에는 오래도록 이롭다"라며 귀족과 서민 모두 똑같은 형으로 다스려야 한다고 주장했다. 즉, 법의 공정함을 강조했다.

중대한 범죄는 대부분 존귀한 대신들에 의해 저질러진다. 하지만 법은 비천한 사람들만 처벌하는 경우가 많다. 법치를 바로 세우려면 법 위에 군림하려는 자들부터 법 아래에 내려놓아야 한다. 인정에 휘둘려 적절한 상과 벌을 행하지 않으면 나라와 조직의 기강이 무너진다.

_《한비자》〈고분〉편 중에서

그런 점에서 보면 한비자는 당대 어떤 사상가보다 진보적이었다. 그만큼 시대를 앞서갔고, 인간의 본성을 꿰뚫어 보았다. 그래서인지 수많은 세월이 흘렀는데도 그의 말은 여전히 많은 이를 사로잡고 있다. 그만큼 세상이 공정하지 않고, 인간 역시 선하지 않다는 방증은 아닐까.

가장 낮은 곳이 가장 높은 곳

"기전파목 용군최정(起翦頗牧 用軍最精)."《천자문(千字文)》에 나오는 말로, 춘추전국시대 가장 뛰어난 장수 네 명의 이름 끝 자를 합친 것이다. 그 뜻은 다음과 같다.

"백기(白起), 왕전(王翦), 염파(廉頗), 이목(李牧)은 군사를 가장 정밀하게 부렸다."

그중 진나라의 명장 왕전은 타고난 용병술로 6개국을 정복하며, 춘추전국시대를 끝냈다. 또한, 그는 장군으로서의 능력뿐만 아니라 처세에도 매우 뛰어났다.

기원전 224년, 파죽지세로 천하를 점령해 가던 진나라는 초나라 정벌을 앞두고 작전회의를 열었다. 진시황이 병력이 얼마나 필요하냐고 묻자,

젊은 장수 이신(李信)은 20만 명이면 충분하다고 했다. 하지만 백전노장 왕전은 60만 명이 필요하다며 한발 물러섰다.

그 모습을 본 진시황이 말했다.

"왕전, 그대도 나이가 드니 담력이 작아졌나 보오."

그러면서 이신에게 20만 군사를 내어주며 초나라를 공격하게 했지만, 곧 패하고 말았다. 그러자 다급해진 진시황은 왕전을 찾아가서 사과하며 출병을 부탁했다.

왕전이 말했다.

"이번 전투에서 이기면 제게 좋은 집과 땅을 주십시오."

그 말에 시황제는 크게 웃으며 승낙했다.

얼마 후 전장에 도착한 왕전은 싸움도 시작하기 전에 황제에게 다섯 번이나 부하를 보내 "좋은 집과 땅을 꼭 달라"고 했다. 보다 못한 장수들이 황제의 비위를 건드릴 수 있다며 간곡히 만류할 정도였다.

그러자 왕전이 말했다.

"지금 진나라의 60만 대군이 내게 있다. 황제 곁에는 불과 1만의 호위대가 있을 뿐이다. 황제가 얼핏 대범해 보이지만, 의심이 매우 많은 사람이다. 틀림없이 내가 군대를 돌려서 공격할 수도 있다고 생각할 것이다. 그런데 내가 집과 재산에 집착하는 작은 소인배로 보이면 내게 그런 역심이 없다는 것을 알게 될 것이니, 이보다 더 안전한 방법이 또 있겠느냐."

—《사기》〈진시황본기〉중에서

그 말마따나, 진시황은 의심과 질투가 많은 성격으로 누구도 믿지 않았다. 그러니 60만 대군의 지휘권을 쥔 왕전 역시 믿지 못하는 것이 당연했다. 하지만 그는 역시 백전노장이었다. 자신이 권력보다는 금전에 더 관심 많은 소인임을 상기시킴으로써 진시황의 의심을 말끔히 떨쳐낸 것은 물론 목숨 역시 지킬 수 있었기 때문이다.

이렇듯 이인자의 삶은 오해와 불신의 연속이라고 해도 과언이 아니다. 말 한마디, 행동 하나하나가 일인자와 주변 사람들의 끊임없는 관심과 의심을 받기 때문이다. 그러다 보니 매 순간이 긴장의 연속이다. 이를 헤쳐 나가려면 대담한 담력을 보여야 할 때도 있고, 또 어떤 순간에는 비굴한 정도로 머리와 몸을 숙여야 할 때도 있다. 자칫 잘못하면 오해와 의심을 사기 일쑤고, 이는 목숨과도 연결된다는 것을 역사 속 수많은 이인자의 삶이 말해주고 있기 때문이다.

항룡유회(亢龍有悔), 높이 올라간 용은 곧 후회한다

누구나 마음속에 지닌 바람을 이루기 위해 노력한다. 그런데 그것을 이루었는데도 계속해서 과욕을 부리는 이들이 적지 않다. 그때부터 불행이 시작된다는 걸 모르기 때문이다.

"만족을 알면 욕되지 않고, 멈춤을 알면 위태롭지 않아 가히 오래갈 수 있다(知止止止 知足不辱 知止不殆 可以長久)."

노자《도덕경》44장에 나오는 말로 '멈춤'의 지혜를 전하는 말이다. 하지만 사람의 욕망은 브레이크 없는 기차와도 같다. 대부분 앞으로 나아가기만 할 뿐 멈출 줄을 모른다. 큰 화를 당한 뒤에야 비로소 멈추고 후회한다.

주역《(周易)》에 '항룡유회(亢龍有悔)'라는 말이 있다. "하늘 끝까지 올라가서 내려올 줄 모르는 용은 후회하게 된다"라는 뜻이다. 풀이하자면 "높은 자리에 올라간 사람은 교만함을 경계하지 않으면 크게 후회한다"라는 말이다.

사람의 길흉화복을 음양의 원리로 풀어주는 64괘 중 하늘을 상징하는 건괘(乾卦)는 용이 승천하는 기세를 표현하고 있는데, 용의 변천에 따라 그 운세를 다음과 같이 풀이하고 있다.

첫 번째 단계는 연못 깊은 곳에 잠복한 '잠용(潛龍)'으로 때를 기다리며 덕을 쌓는 단계다. 그후 땅 위로 올라와 비로소 자신을 드러내는 '견용(見龍)'이 되어 만천하에 덕을 베풀고, 군주로서의 면모를 다진다. 거기서 더 나아가면 훌륭한 신하가 구름처럼 몰려들고, 마침내 제왕이 되어 하늘을 힘차게 나는 '비룡(飛龍)'이 되며, 더 높이 오르면 '항룡(亢龍)'이 된다. 더는 이룰 것도, 높이 오를 곳도 없는 최고 경지에 이르는 셈이다.

공자는 이 항용의 단계를 매우 경계했다. 더는 오를 곳이 없기에 교만해져 모든 것을 잃을 수 있기 때문이다(亢龍有悔). 그런 점에서 볼 때 항룡유회는 무조건 정상을 향해 나아가기보다는 자만하지 말고 항상 겸손해야 한다는 사실을 깨우쳐 주는 말이라고 할 수 있다.

맹자(孟子) 역시 "군자는 나아갈 때와 물러설 때를 알아야 한다"라고 했다. 그만큼 살아가는 데 있어 나아감과 물러섬을 아는 것은 매우 중요하다. 하지만 예나 지금이나 진정으로 용기 있는 사람만이 멈출 수 있다. 어리석은 사람은 절대 멈출 줄 모른다.

역사상 스스로 물러날 때를 잘 알고 처신에 성공한 대표적인 인물로 장량(張良)을 꼽는다. 그는 한 고조 유방을 도와 한나라를 창업한 일등 공신이었지만, 스스로 물러날 때를 알고 미련 없이 물러나 여생을 신선처럼 살았다.

적을 만들지 않는 '방원(方圓)'의 처세술

《사기》를 보면 수많은 리더와 참모가 등장한다. 제왕만 90여 명에, 제후는 무려 200여 명이 넘는다. 참모의 수는 헤아리기 힘들 정도다. 사마천은 그 수많은 인물 중 가장 이상적인 제왕으로는 요·순과 한 문제를, 참모로는 장량을 꼽았다.

소하, 한신과 함께 한나라 개국 공신인 '한초삼걸(漢初三傑, '한 고조 유방을 도와 한나라를 건국한 세 명의 최고 공신'을 일컫는 말)'로 꼽히는 장량은 지혜로운 참모의 대명사인 '장자방(張子房)'으로도 불린다. 하지만 한신이 '전쟁의 신', 소하가 '위대한 재상'으로 그 역할이 뚜렷한 데 반해, 그의 역할은 사뭇 두드러지지 않다. 그렇다고 해서 그가 존재감이 전혀 없었던 것은 아니다.

그는 군사(軍師)로서 중요한 작전이나 정책 결정에 참여해 거침없는 직언을 서슴지 않았다. 서초 패왕 항우를 마지막으로 몰아넣었던 '사면초가' 전술 역시 그의 머리에서 나왔다. 하지만 그는 참모 역할에만 머물렀다. 그 때문에 유방이 여러 공신을 의심하고, 심지어 소하마저 의심한 적이 있지만, 그만은 한 번도 의심한 적 없을 만큼 절대적인 신임을 받았다. 유방이 그의 제안을 단 한 번도 거절한 적 없다는 것이 그 방증이다. 그의 말을 듣고 고민한 적도 없었다. 그만큼 그에 대한 유방의 신뢰는 상상을 초월했다. 이에 많은 이들이 "한 고조가 장량을 쓴 것이 아니라, 장량이 한 고조를 쓴 것이다"라며 그를 치켜세우기도 한다.

주목할 점은 유방과 소하, 한신 등이 별 볼 일 없는 집안 출신인 것에 비해, 그는 한(韓)나라의 귀족 가문 출신으로 출신 성분 자체가 그들과 달랐다는 점이다. 그냥 귀족 가문도 아닌 대대로 재상을 지낸 명문가 출신이었다. 그러니 다른 사람들의 오해와 불신을 사기에 충분했다. 하지만 그는 자신의 본분을 한시도 잊지 않았다. 절대 앞서지 않았고, 언제나 유방의 뒤를 든든하게 받쳐주며, 부족한 점을 채워주는 참모의 길을 걸었다. "욕심을 품을수록 다칠 수 있다"라는 권력의 생리를 누구보다도 잘 알았기 때문이다. 그래서 천하통일 후 유방이 내린 엄청난 규모의 영지를 사양한 것은 물론 벼슬도 사양한 채 유유자적한 삶을 즐겼다.

장량의 처세술을 극명하게 보여주는 이야기가 있다. 바로 한의 개국 공신 서열이다.

수십 년간 한 고조 유방을 도와 삶과 죽음의 경계를 넘나드는 공을 세운 참모는 수백 명이 넘었다. 고조는 개국 공신 서열 1위에 소하를, 2위에는 조참(曹參)을 지명했다. 막강한 무공으로 항우와의 모든 전투를 승리로 이끈 한신은 21위였다. 그렇다면 한낱 변방의 건달에 지나지 않았던 유방을 황제로 만든 일등 조력자였던 장량의 서열은 과연 몇 위였을까.

장량의 개국 공신 서열은 62위였다. '홍문의 연'에서 유방의 목숨까지 구했다는 점을 고려하면 매우 초라한 결과라고 할 수 있다. 심지어 그보다 활약이 뛰어나지 않았던 장수보다도 훨씬 못한 수준이었다. 놀라운 것은 이 서열을 장량이 자처했다는 점이다. 그의 처세술이 보통의 경지를 넘어 달인에 이르렀음을 보여준다고 할 수 있다.

장량의 처세술의 특징은 '적을 만들지 말라'라는 것이다. 적이 많을수록 목숨이 위태로워지기 때문이다. 그 때문에 그는 단 한 번도 다른 사람과 마찰을 일으킨 적이 없다. 그는 이를 '방원(方圓, 모난 것과 둥근 것을 아울러 이르는 말)'이라고 했다.

모든 인간관계나 처세의 기본은 바로 방원이다. 즉, 모나지만 절대 모나지 않게 둥글게 보이는 것이다. 모가 있는 사각 모양의 테를 수십 개를 쌓아 올리다 보면, 어느덧 그것의 전체 모양이 둥글게 변하는 것을 알 수 있다. 바로 이것이 세상을 사는 이치이다.

_《사기》〈유후세가(留侯世家)〉 중에서

모나지만, 둥글게 보이는 것은 매우 어려운 일이다. 자신의 존재감을 잃지 않으면서도 누가 봐도 그것이 날카로워 보이지 않게 해야 하기 때문이다. 그러자면 무엇보다도 자신을 잘 다스려야 한다.

장량은 누구보다 '멈춤'과 '그침'의 미덕을 잘 아는 사람이었다. '위'가 아닌 '앞'을 보면서 살았기 때문이다. 그의 사당 한쪽 바위에 새겨진 '성공불거(成功不居, 성공한 자리에 오래 머물지 않는다)'와 '지지(知止, 자기 본분을 알고 그칠 줄을 안다)'라는 글자가 그것을 방증한다.

그가 한신의 반란을 진압한 소하를 상국에 추천했을 때의 일이다. 많은 사람이 왜 자신의 공을 다른 사람에게 돌리느냐고 묻자, 그는 이렇게 말했다.

우리 집안은 대대로 한(韓)나라 재상을 지냈는데, 진나라에 의해 나라가 그만 멸망하고 말았소. 지금껏 그 원수를 갚기 위해 애쓰며 살았소. 오늘 이 세 치 혀로 황제의 스승이 되고, 만 호의 봉읍을 받았으며, 그 지위는 열후(列侯)에 이르렀으니, 이는 포의(布衣, 벼슬이 없는 선비)로 시작한 사람으로서는 지극히 높은 자리에 오른 것이라, 이것만으로도 충분하오. 하여 이제는 인간사의 일을 모두 잊고 적송자(赤松子, 전한 시대의 신선)의 뒤를 따라 노닐고자 하오.

_《사기》〈유휴세가〉 중에서

장량은 가장 낮은 곳이 가장 높은 곳임을 알았다. 그래서 신하로서 최고의 자리에 올랐을 때 더는 그 자리에 머물지 않고 물러나 장가계(張家

界, 원래 이름은 대용(大庸)이었지만, 1944년 '장량이 터를 잡은 곳'이라는 뜻의 장가계로 바뀌었다) 깊은 산속에 은거했다. 의심 많고, 변덕스러운 유방의 성격을 누구보다 잘 알았기 때문이다. 아닌 게 아니라, 유방은 황제 즉위 후 개국 공신을 대대적으로 숙청했다. 특히 자기 진영에 중도에 가담한 사람은 거의 예외 없이 제거했다. 심지어 가장 믿었던 재상 소하 역시 여러 번 음해를 당해야 했고, 한신은 반란죄로 비참한 최후를 맞았다. 하지만 장량만은 목숨과 명예를 온전히 지킬 수 있었다.

멈춤과 그침의 미덕을 아는 사람일수록 위가 아닌 앞을 보면서 산다. 하지만 그런 사람은 많지 않다. 대부분 위만 쳐다보면서 올라가려고만 발버둥 치기 때문이다. 그럴수록 자신만 힘들다는 사실은 전혀 알지 못한 채 말이다. 그런 점에서 볼 때 장량의 삶은 우리에게 의미하는 바가 크다. 수많은 중국인이 장량을 난세의 참모 중 가장 현명한 인물로 꼽는 이유 역시 바로 그 때문이다.

성공도, 실패도 소하에게 달려있다

한의 개국 공신 '서열 1위'

중국 역사상 가장 뛰어난 황제로 평가받는 당 태종의 치세를 일컬어 '정관의 치(貞觀之治)'라고 한다. 정관(貞觀)이란 당 태종의 연호로, 당 태종이 나라를 다스리던 627년부터 649년은 전대미문의 태평성세였다. 그것이 가능했던 이유는 방현령(房玄齡)과 두여회(杜如晦), 위징(魏徵) 같은 뛰어난 재상이 있었기 때문이다. 그들은 당 태종을 보좌하며 이른 바 뛰어난 재상 정치의 시대를 연 주인공들이었다. 방현령이 계획하면, 두여회가 집행하고, 위징은 끊임없이 간언하며 당 태종의 잘못을 바로 잡아 후대의 모범이 되는 나라를 만든 것이다.

재상(宰相)은 군주제 국가의 이인자로 군주를 보필하는 관료의 우두머리다. 하지만 재상이라고 해서 나라를 위해 큰 뜻을 펼치지 못하란 법은 없다. 군왕 못지않게 후세에 이름을 남긴 뛰어난 재상 역시 적지 않기 때문이다.

한 고조 유방에게는 소하(蕭何)가 바로 그런 사람이었다. 장량, 한신과 더불어 한초삼걸로 꼽히는 그는 중국사를 대표하는 명재상으로 알려져 있다. 그만큼 그는 한나라의 기둥과도 같은 존재였다.

5년여에 달했던 초한 전쟁 동안 유방이 항우에게 매번 패하면서도 결국 천하를 통일할 수 있었던 데는 식량과 군사가 끊어지지 않게 했던 소하의 도움이 매우 컸다. 유방 역시 그 점을 인정했다.

> 후방에서 전쟁 물자를 지원하고, 후방의 정치 상황을 안정시키는 능력으로 따지면, 나는 소하만 못하다(吾不如蕭何).
>
> —《사기》〈고조본기〉 중에서

소하와 유방은 같은 고향(패현 풍읍) 사람으로, 진나라의 하급 관리(예물 담당)였던 소하는 유방이 백수였던 시절부터 그를 도와주곤 했다. 그의 진면목을 알아봤기 때문이 아니었다. 사실 소하는 유방을 그리 대단한 인물로 생각하지 않았다. 이는 〈고조본기〉에도 기록되어 있다.

> 유계(유방)는 원래 큰소리를 자주 치지만, 이루어지는 일은 드뭅니다.
>
> —《사기》〈고조본기〉 중에서

이는 유방이 땡전 한 푼도 없으면서 여공(呂公, 훗날 유방의 장인이 됨)에게 하례금(賀禮金, 축하하여 예를 차리면서 주는 돈)을 1만 전이나 내겠다고 하자 그가 했던 말이다. 그랬던 그가 한 수 아래라고 생각한 유방의 참모가 된 것은 사람을 알아보는 재주가 뛰어났던 유방을 통해 자신의 이상을 실현하기 위해서였다. 그런 점에서 볼 때 소하에게 있어 유방은 이상이 아닌 목적 실현의 도구였다. 하지만 유방에게 있어 소하는 더없이 소중한 친구이자 가난했던 젊은 시절의 은인이었다. 그러니 소하를 생각하는 유방의 마음은 매우 각별했다.

400여 년 제국의 기틀을 닦다

천신만고 끝에 숙적 항우를 물리치고 진시황에 이어 두 번째로 중국을 통일한 유방은 곧 고민에 빠졌다. 신하들의 논공행상을 어떻게 해야 할지 고민되었기 때문이다. 그도 그럴 것이 전장을 함께 누빈 장수들은 저마다 전공을 내세우며, 자신이 최고 대우를 받아야 한다고 주장했다. 그러니 자칫 잘못하면 애써 구축한 나라의 기틀이 다시 흔들릴 수도 있었다. 그렇게 일 년여가 지났다.

숙고를 거듭하던 유방은 마침내 내로라하는 장수들을 제치고 소하를 일등 공신으로 선포했다. 당연히 수많은 공신이 이의를 제기했다. 자신들은 전장에서 목숨을 걸고 싸웠지만, 소하는 후방에서 보급을 담당한 것밖에 없는데, 어떻게 그를 일등 공신으로 정할 수 있냐는 것이었다. 그 말에 유방은 사냥꾼과 사냥개의 비유를 들며 그들의 불만을 일축했다.

사냥에서 짐승을 쫓아가서 죽이는 것은 사냥개지만, 사냥개의 줄을 풀어 짐승이 있는 곳을 가리키는 것은 사람이오. 그대들은 단지 짐승을 잡아 올 수 있을 뿐이니, 그 공로는 사냥개와 같소. 하지만 소하는 사냥개를 풀어 짐승을 잡아 오게 한 사람이니, 그 공로가 사냥꾼과 같다고 할 수 있소.

_《사기》〈고조본기〉 중에서

그러자 누구도 더는 불만을 말할 수 없었고, 유방은 곧 소하를 상국(相國)으로 임명했다. 상국은 신하의 신분으로 올라갈 수 있는 최고 자리로 칼을 차고 신발을 신은 채 궁전에 오를 수 있을 뿐만 아니라 황제를 알현할 때도 이름을 대지 않은 것은 물론 작은 걸음으로 걷는 예의 역시 차리지 않아도 되었다. 그뿐만이 아니었다. 유방은 소하에게 구석(九錫, 황제가 큰 공을 세우거나 크게 신임하는 신하에게 내리는 특전) 역시 하사했다. 이는 400여 년 한나라 역사에서도 찾아볼 수 없는 최고 명예였다.

그렇다고 해서 유방이 그를 전적으로 믿은 것은 아니었다. 다른 공신들을 의심한 것처럼 그 역시 끊임없이 의심했다. 유방이 항우와 한참 전쟁을 벌일 때의 일이다.

군량이 정해진 기일까지 도착하지 않자, 유방이 서찰을 보내왔는데, 이상하게도 질책이나 독촉은 없고 안부를 묻는 내용뿐이었다. 그가 반란을 일으키지 않을지 의심한 것이다. 이를 눈치챈 그는 즉시 자기 아들과 형제들을 유방에게 보냈다. 그러자 유방은 매우 만족스러워하며 그를 다시 신뢰하게 되었다.

경포(黥布)의 반란이 있었을 때도 마찬가지였다. 이때도 유방은 그에게 사람을 계속 보내 뭘 하는지 거듭 물었다. 이에 그는 백성의 집을 일부러 싸게 사들여서 이름을 더럽혔고, 유방은 그 죄를 물어 그를 옥에 가두었다. 하지만 자신을 안심시키려고 일부러 일을 꾸몄다는 사실을 알고 곧 풀어주었다. 어떻게 보면 매우 비굴해 보일 수도 있지만, 그는 그런 일쯤은 전혀 신경 쓰지 않았다. 천하통일이라는 대업을 먼저 이룬 후 자신이 뜻한 바를 실현하기 위해서였다.

소하는 눈앞의 이익보다는 미래를 내다볼 줄 아는 사람이었다. 진나라의 함양 궁전을 함락했을 때 대부분 장수가 보물창고를 가장 먼저 찾았지만, 그는 홀로 승상부(丞相府, 재상의 집무실)와 어사부(御史府, 감찰기관)를 먼저 찾아 각종 법령과 문서를 거두어 보존했다. 이는 창업 후 나라의 기틀을 마련하기 위한 것으로, 그의 머릿속에는 이미 건국 후의 계획이 세워져 있었다. 주목할 점은 그 후 함양 궁전이 불에 타서 모든 문서가 사라졌다는 점이다. 그러니 소하가 아니었다면 진나라의 모든 기록이 함께 사라진 것은 물론 한나라 역시 제국의 기틀을 닦는 데 적지 않은 어려움을 겪었을 것이다.

"성야소하 패야소하(成也蕭何 敗也蕭何)"

성야소하 패야소하(成也蕭何 敗也蕭何). "성공도 소하에게 달려있고, 실패도 소하에게 달려있다"라는 뜻으로, 일의 성패가 한 사람에게 달려 있음을 비유하는 말이다. 이 말은 한신의 죽음과 관련되어 있다.

한의 개국 공신 중 한 명인 진희(陳豨)가 거록(鉅鹿) 태수로 부임하기 전, 한신에게 작별 인사를 하러 왔다. 한신은 가신들을 모두 물리친 후 그에게 모반을 권했다. 한신의 능력을 알고 있던 진희는 그 제안을 받아들였고, 고제 11년(BC 197년) 모반을 일으켰다.

이때 한 고조 유방은 직접 진희를 치러 나갔지만, 한신은 아프다는 핑계를 대며 따라가지 않았다. 그러면서 진희에게 은밀히 사람을 보내 연락을 취하고, 가신들과 짜고 거짓 칙령을 내려 관청에 감금된 죄수와 노예를 풀어준 후 그들을 끌고 나가 여후(呂后, 한 고조의 황후)와 태자를 습격할 계획을 세웠다. 그런데 모든 계획을 세우고 진희에게서 연락이 오기만을 기다리고 있을 때 생각지도 못한 일이 일어났다. 한신의 측근 가운데 죄를 짓고 체포되어 처형을 기다리는 자가 있었는데, 그의 동생이 여후에게 "한신이 모반을 꾀하고 있다"라고 고변한 것이다.

여후는 그 즉시 한신을 불러서 심문하려고 했지만, 그가 눈치채고 오지 않을까 걱정되어 소하와 상의했다. 그러자 소하는 진희가 이미 죽었다는 거짓 소문을 퍼뜨린 후 반란 진압을 축하하기 위해 모든 열후와 군신에게 입궐하라고 했다. 한신에게도 비록 병중이지만, 조회에 들라고 했다. 이에 한신은 아무 의심 없이 입궐했다가 참수되고 말았다.

_《사기》〈회음후열전〉 중에서

이를 두고 송나라의 유학자 홍매(洪邁)는 《용재속필(容齋續筆)》에서 이렇게 말했다.

"한신이 대장군이 된 것은 소하가 천거했기 때문이요, 그가 죽음을 맞이한 것은 소하의 꾀에 의한 것이었다. 그래서 민간에서는 '성공하는 것도 소하에게 달려 있고, 실패하는 것도 소하에게 달려 있다(成也蕭何 敗也蕭何)'라는 말이 떠돌게 되었다."

알다시피, 한신의 처음 선택은 유방이 아닌 항우였다. 그러다 보니 유방 역시 처음에는 그가 미덥지 못해서 크게 중용치 않았다. 하지만 소하의 강력한 천거 때문에 결국 그를 최고사령관으로 발탁했다. 소하는 그를 나라 안에서 비길 자가 없는 국사무쌍(國土無雙, 나라 안에서 견줄 만한 사람이 없는 아주 뛰어난 선비)한 인재로 생각하고, 천하를 다투려면 그에게 군권을 주어야 한다고 했다. 굶주리기를 밥 먹듯 하고, 무뢰배에게조차 멸시당하기 일쑤였던 한신은 그렇게 해서 대장군이 되었다. 그런데 자신을 가장 먼저 인정하고, 그 역시 가장 의지했던 소하에 의해 토사구팽당한 것이다.

사실 유방은 황제가 된 후 한신의 군사적 능력을 항상 부담스러웠다. 그의 군대가 막강할 뿐만 아니라 따르는 사람 역시 많았기에 혹시라도 그가 모반을 꾀하면 황실의 앞날을 기약할 수 없었기 때문이다. 한때는 생사를 함께했지만, 더는 동반자가 될 수 없었던 셈이다. 이에 소하는 일찌감치 한신을 제거함으로써 유방의 근심을 덜어주었다.

천하통일 후 소하는 남이 알아주지 않는 자리에서 묵묵히 자기 역할을 하며 황실의 안정을 도모했다. 주목할 점은 남부럽지 않은 권력을 가졌음에도 끝까지 경거망동하지 않았다는 것이다. 경솔하고 조심성 없는 행동이야말로 패가망신의 지름길이라고 생각했기 때문이다. 그 결과, 많은 공신이 토사구팽당하는 중에도 그만은 의심받으면서도 천수를 누렸다.

그는 전답과 가옥을 항상 외딴곳에 마련했고, 집을 지을 때는 담장을 세우지 않았을 만큼 검소했다. 그런 그가 세상을 떠나자, 한 황실은 아들 소록(蕭祿)에게 작위를 세습하게 했다. 또한, 차후(酇侯)의 작위를 세습한 후손이 죄를 지어 작위를 박탈당하고 다섯 번이나 후사가 끊겼지만, 그때마다 그의 후손을 찾아서 후로 봉하여 작위를 잇게 했다. 그 이유를 사마천은 다음과 같이 말했다.

소하가 이룩한 공훈은 다른 공신들의 것과는 비교할 수도 없이 높고 컸기 때문이다.

—《사기》〈소상국세가(蕭相國世家)〉중에서

아울러, 사마천은 소하에 대해 다음과 같이 평했다.

백성이 진나라의 가혹한 법에 원한을 품고 있다는 정황을 파악하고, 역사의 흐름에 순응하여 옛것을 버리고 새로운 것을 만들어 백성에게 제공했다. 한신, 경포 등 한나라 창업 공신 대부분이 주살되었지만, 소하가 이룩한 공적만은 찬란히 빛나 그의 지위는 공신 중에서 제일 높았으며, 그 명성은 후세에까지 전해져 주 문왕을 도와 주나라를 일으킨 굉요(宏夭)와 산의생(散宜生) 등이 이룩한 공적과 비견될 만하다고 하겠다.

—《사기》〈소상국세가〉 중에서

공자는 《논어》〈자한(子罕)〉 편에서 "인자(仁者)는 사리사욕이 없으므로 어떤 일이 일어나도 의심하지 않고, 지자(知者)는 사물의 도리에 밝아서 시비와 선악의 판단이 정확하기에 근심하지 않으며, 용자(勇者)는 의로써 일을 결행하기 때문에 두려워하지 않는다(知者不惑 仁者不憂 勇者不懼)"라고 하였다.

소하의 삶을 이보다 더 정확히 표현하는 말은 없을 것이다. 그는 인자이자, 지자였으며, 때로는 용자의 삶을 살았다. 이에 한초삼걸 중 가장 튀지 않았지만, 그가 있었기에 유방은 제업을 이룰 수 있었고, 한나라는 400여 년의 기틀을 마련할 수 있었다.

자기 그릇의 크기를 착각하다

백전백승의 천재 전략가

그릇을 뜻하는 '명(皿)'과 그 위로 물이 넘치는 모습을 세 개의 점으로 표현한 '수(水)'가 결합한 '익(益)'은 본래 항아리나 그릇 안에 물이 가득 차는 모습을 본떠 만들어서 '넘치다'라는 뜻을 지니고 있었다. 그런데 지금은 그 뜻이 변해 '넉넉하다', '유익하다'라는 뜻으로 쓰이고 있다. 이에 자신에게 도움이 되는 이로운 친구를 '익우(益友)'라고 한다.

일반천금(一飯千金), 과하지욕(跨下之辱), 국사무쌍(國士無雙), 배수지진(背水之陣), 사면초가(四面楚歌), 다다익선(多多益善), 토사구팽(兎死狗烹)….

모두 한 인물과 관련된 고사성어다. 그 주인공은 바로 한 고조 유방을 도와 초패왕 항우를 누르고 한나라를 세운 회음후(淮陰侯, 고향이 회음

현인 데서 붙여진 작위) 한신이다.

한신은 젊은 시절 누구보다 불행한 삶을 살았다. 빨래하는 아낙으로부터 밥을 얻어먹을 만큼 가난했을 뿐만 아니라 무뢰배의 가랑이 밑을 기는 수모를 겪기도 했다. 여기서 나온 말이 일반천금(一饭千金)과 과하지욕(跨下之辱)이다. 하지만 포부만큼은 누구보다 컸다. 그것을 알아준 사람이 바로 소하였다. 소하는 유방에게 "나라에서 둘도 없는 뛰어난 인물(國士無雙)"이라며 그를 천거했고, 이후 그는 전투란 전투에서 모조리 승리하며 유방의 천하통일에 결정적인 역할을 했다. 그만큼 온갖 방식의 전술을 능수능란하게 구사했을 뿐만 아니라 오합지졸만으로도 여섯 개의 나라를 무너뜨렸다. 배수지진(背水之陣)과 사면초가(四面楚歌)는 그 과정에서 생겨난 말이다. 하지만 결국, 토사구팽(兎死狗烹)당하고 말았다. 주목할 점은 역사 속 대부분 토사구팽은 더는 이용 가치가 없어서 일어난 데 반해, 그는 너무 뛰어났기에 토사구팽당했다는 것이다. 다다익선(多多益善)이 문제였다. 즉, 자기 그릇의 크기를 착각한 것이다.

고조가 한신과 장수의 그릇에 관해 얘기하며 물었다.

"나 같은 사람은 군사를 얼마나 거느릴 수 있겠소?"

"폐하께서는 10만도 거느리지 못하옵니다."

"그렇다면 경은 어떤가?"

"신은 신축자재(伸縮自在)해서 많으면 많을수록 좋습니다."

그 말에 고조가 웃으며 반문했다.

"그런데 경은 어째서 10만 명의 장수 그릇에 불과한 나의 포로가 되었는가?"

"폐하는 군사를 거느리는 데는 능하지 못하지만, 장수를 거느리는 데는 훌륭하십니다. 이것이 바로 신이 폐하에게 묶인 까닭입니다. 폐하는 이른바 하늘이 주신 것이지, 사람의 힘은 아닙니다."

―《사기》〈회음후열전〉 중에서

사람은 저마다 '능력'의 차이가 있다. 그리고 같은 능력을 갖추고 있다고 해도 이미 한계에 도달한 사람이 있는가 하면, 더욱더 발전할 수 있는 사람도 있다. 이는 각자 그릇의 크기가 다르기 때문이다. 작은 그릇을 가진 사람은 조금 채우고 나면 아무리 더 담고 싶어도 더는 담을 수 없다. 하지만 큰 그릇을 가진 사람은 담는 대로 모두 받아들여 차후에 큰 역량을 발휘할 수 있다. 그 때문에 자기 역량도 살피지 않은 채 무작정 채우려고만 해서는 안 된다. 자기 역량을 넘어선 다다익선은 과유불급(過猶不及)에 지나지 않기 때문이다. 즉, 그것은 지나친 욕심일 뿐으로, 패가망신에 이르는 지름길이다. 따라서 무작정 채우기에 앞서 자기 그릇의 크기를 먼저 알아야 한다.

알다시피, 한신은 최고의 장수를 논할 때마다 첫손에 꼽히는 불세출의 명장이자, 백전백승의 천재 전략가다. 하지만 그는 자기 그릇의 크기를 제대로 가늠하지 못했다. 그 결과, 한초삼걸로 꼽히며 초(楚) 왕의 자리까지 올랐지만, 결국 토사구팽당하고 말았다.

말했다시피, 한신의 어린 시절은 '과하지욕'과 '일반천금'으로 요약할 수 있다.

어린 시절, 그는 포악한 동네 무뢰배에게 자주 무시당하곤 했다. 무뢰배는 그에게 "네가 용기가 있으면 나를 찌르고 이 길을 지나가고, 그렇지 않으면 내 가랑이 밑으로 기어 지나가라"라며 매번 놀리곤 했다. 그때마다 그는 아무렇지 않게 몸을 굽혀서 그의 가랑이 사이를 기었고, 이를 본 사람들은 그를 겁쟁이라며 놀려대었다. 이에 대해 훗날 초 왕에 오른 한신은 이렇게 말했다.

"만일 그때 모욕을 견디지 못하고 그를 죽였다면 죄인이 되어 쫓겼을 것이다. 이 자리에 오를 수 있었던 것은 바짓가랑이 밑을 기는 치욕을 참았기 때문이다."

생각건대, 만일 그가 그때 품었던 마음과 인내심의 반만 지니고 있었더라도 그렇게 비참한 최후를 맞지는 않았을 것이다. 하지만 그는 절대 넘어서는 안 될 선을 넘고 말았다. 다다익선 운운하는 것도 모자라서 반란을 모의한 것이다. 그렇게 해서 그는 항우를 제압해서 천하를 유방에게 안겨 준 일등 공신에서 천하의 역적이 되고 말았다. 그러니 그를 아끼던 유방으로서도 더는 살려줄 명분이 없었다.

"용병술로는 한신을 따라갈 사람이 없소."

한 고조 유방의 말이다. 그만큼 한신은 군사적 전략과 전술에 있어서 불세출의 명장이었다.

유방이 제위에 오르기 2년 전인 204년, 유방은 한신에게 조나라를 공격하라고 명했다. 당시 한신의 군대는 3만여 명에 달했지만, 모두 오합지졸이었다. 한신의 세력이 날로 강성해지는 것을 막고자, 유방과 그의 참모들이 뛰어난 군사를 모두 차출했기 때문이다. 하지만 그런 상황에서도 한신은 조나라 20만 군사에 맞서 대승을 거두었다. 이때 쓴 병법이 바로 '배수진'이다.

알다시피, 배수진은 병법의 상식에 어긋나는 전략이다. 퇴로를 차단한 까닭에 자칫 잘못하면 몰살당할 수 있기 때문이다. 그러다 보니 당신 한신의 전략에 의문을 제기하는 사람이 적지 않았다. 이에 대해 한신은 이렇게 말했다.

"제대로 된 군사 훈련을 한 번도 받지 못한 오합지졸을 독려하려면 그 방법밖에는 없었소. 무릇, 사람은 죽을 위기에 처해야만 살려고 발버둥치는 법이오."

주목할 점은 배수진 전략을 펼친다고 해서 누구나 성공하는 것도 아니라는 점이다. 한신의 성공 이후 수많은 사람이 배수진을 시도했지만, 대부분 실패한 것이 그 방증이다. 그 이유는 배수진이라는 전략에만 신경 썼을 뿐 그것을 이용하는 방법, 즉 전술에서 치명적인 실수를 했을 뿐만 아니라 실패했을 때의 대비책 역시 전혀 세우지 않았기 때문이다. 한신이 대단한 것은 바로 그런 점 때문이다. 그는 치밀한 준비는 물론 실패했을 때의 대비책 역시 함께 세웠다. 그러니 전투란 전투에서 모두 승리하는 것이 당연했다.

그런 한신에게도 부족한 점이 있었다. 군사적인 면에서는 누구보다 뛰어났지만, 인간관계, 특히 처세술이 심각할 정도로 부족했다는 것이다. 실례로, 항우가 무섭(武涉)을 통해 유방으로부터 독립해서 항우의 초, 유방의 한, 그리고 한신의 제 등 세 나라로 천하를 삼분하자고 제안했을 때 그는 일언지하에 거절했다. 그 이유란 것이 대단한 것도 아니었다. 항우가 이전에 자신을 무시하고 몰라줬다는 해묵은 원한 때문이었다.

내가 항우를 섬길 때는 벼슬이 낭장(郎將)에 불과해 겨우 창을 들고 문지기 노릇을 했소. 그래서 한나라로 귀순했는데 유방은 내게 장군의 허리띠를 내리고 수만의 병력을 맡겼으며 자기 옷을 벗어 내게 입혔고 자기 밥을 나눠주었으며, 내 계책을 받아주었소. 그래서 내가 지금에 이르렀소. 남이 나를 깊이 신뢰하는데 내가 먼저 배신하는 것은 옳지 못하니 죽더라도 그 뜻을 바꿀 수 없소.

—《사기》〈회음후열전〉중에서

이렇듯 그는 매사에 감정적으로 일을 처리하기 일쑤였다. 또한, 뭐든지 제 마음대로 되어야만 만족하는 소인배가 되고 말았다. 그러다 보니 당연히 실수가 잦았다. 그렇다고 해서 그가 인정 없고 냉혹하기만 했던 것은 아니다. 괴철(蒯徹)의 반란 제안을 거듭 거절한 것이며, 항우의 장수였던 종리말을 숨겨준 일, 패전국 신하에 불과한 이좌거(李左車)에게 거듭 예를 표하며 스승으로 삼은 것을 보면 의리와 겸손함 역시 지니고 있었기 때문이다. 문제는 지위가 높아질수록 교만함 역시 높아져 갔다는 것이다.

우유부단하고, 어중간함 역시 그의 트레이드 마크였다. 그러다 보니 무엇을 하건 망설이고 꾸물거리기 일쑤라서 그와 뜻을 함께하기로 했던 이들조차 곧 그를 떠나곤 했다. 유방과 비교했을 때 인재를 포섭하고 활용하는 능력이 한참 떨어졌던 셈이다. 그 때문에 대부분 "군사적인 능력은 군계일학이지만, 다른 면에서는 백치와도 같다"라며 그를 평하곤 했다.

'항룡유회(亢龍有悔)'의 깊은 뜻을 깨우치지 못하다

만이불일(滿而不溢). "가득 차도 넘치지 않는다"라는 말로, "높은 자리에 올라도 교만해지지 말라"라는 뜻이다.

> 제후는 윗자리에 있으면서 교만하지 않으면 지위가 높아도 위태롭지 않고, 근면하면서 절제하고 법도를 지키면 가득 차면서도 넘치지 않는다. 높은 자리를 위태롭지 않게 하면 고귀한 제후의 신분을 오래도록 유지할 수 있으며, 가득 차도 밖으로 흘러넘치지 않게 하면 오래도록 부유함을 간직할 수 있다.
>
> ―《효경(孝經)》 제3장 〈제후(諸侯)〉 편 중에서

한신은 채우기만 할 뿐 넘치는 것을 자제할 줄을 몰랐다. 그런 그가 장량처럼 '항룡유회(亢龍有悔)'의 깊은 의미를 알 리 없었고, 소하처럼 겸허한 삶을 살 리도 없었다.

한신의 명성이 천하를 뒤덮을 정도에 이르자, 그에게도 책사를 자처하는 인물이 나타났다. 제나라 변설가 괴통이었다. 그는 한신의 재능을 한눈에 알아보고 항우, 유방과 함께 천하 삼분지계를 말하며 계속해서 그를 꾀어냈다. 그러나 한신은 여전히 주저했다. 만일 한신이 거기서 멈췄다면 소하나 장량처럼 끝까지 존경받는 삶을 살았을 것이다. 하지만 그는 거기서 멈추지 않았다. 자신이 유방보다 훨씬 뛰어나다는 교만과 착각에 빠지고 말았기 때문이다. 그 결과, 온갖 고난과 역경을 이겨내고 당당히 제왕의 직위에까지 올랐지만, 모반을 꾀했다는 죄를 쓰고 파란만장한 생을 마감하고 말았다.

이런 한신의 삶을 두고 사마천은 다음과 같이 평했다.

만약 한신이 도리를 배우고 겸양의 미덕을 발휘하여 자기를 공을 과시하지 않고, 자기의 재능을 과신하지 않았다면, 그가 세운 공은 아마도 주나라 천 년 왕조의 기틀을 마련한 주공(周公), 소공(召公), 태공(太公)에 세운 공훈에 비견되어 후세들로부터 혈식(血食)을 받아먹으며 받들어졌을 것이다.

_《사기》〈회음후열전〉 중에서

단 한 번의 승리를 위해

한 고조의 숨은 꾀주머니

기원전 180년, 여태후(정확한 시호는 '고황후(高皇后)'지만, 당시에는 이름이나 지위에 성을 붙여서 부르는 경우가 많았다)가 살해되었다. 그녀는 중국 역사상 최초의 황후이자, 황태후로 한 고조 사후 16년 동안 국정을 농단하며 무소불위의 권력을 휘둘렀다. 하지만 그 업보로 인해 훗날 후한의 첫 황제인 광무제로부터 '고후'로 격하 당한 것은 물론 한 고조의 장릉에서도 축출되었다.

여태후가 죽자, 신하들은 유 씨 왕조를 부활하기 위해 쿠데타를 일으켰다. 그 주동자는 승상 진평(陳平)과 태위 주발(周勃)이었다. 여 씨 일족을 제압한 두 사람은 황제인 소제(少帝, 한나라 4대 황제)마저 감금 후 독살했다. 그가 혜제(惠帝, 한나라 2대 황제)의 아들이 아니라고 생각했기 때문이다. 그렇게 해서 한의 다섯 번째 황제가 등극했는데, 그가 바로 아들

경제(景帝)와 더불어 한나라의 국력을 대폭 키우며, 중국 역사상 최고의 성군 중 한 명으로 꼽히는 한문제(文帝, 한 고조 유방의 넷째 아들)다.

　문제가 즉위하자, 모든 신하가 알현했다. 그런데 재상 진평이 보이지 않았다.

　문제가 물었다.

　"왜 진 승상이 보이지 않소?"

　주발이 아뢰었다.

　"몸이 편치 않은 것 같습니다."

　여 씨 토벌에 공로가 가장 큰 진평을 우승상으로 삼고자 했던 문제는 그 말이 도저히 믿기지 않았다. 더욱이 진평은 주발과 함께 한 고조를 도와 나라를 세운 개국 공신이자 원로대신으로, 문제는 두 사람을 아버지처럼 생각했던 터였다.

　문제는 곧 진평을 직접 문병했다. 그런데 그 자리에서 진평이 거듭 사직을 청했다.

　"갑자기 사임하겠다니, 대체 무슨 까닭이오?"

　"고조께서 나라를 세우실 때 주발의 공이 저보다 많았지만, 합당한 대우를 받지 못했습니다. 폐하께서 황제에 오르시는 데도 주발이 저보다 공이 많았지만, 제가 승상 자리를 차지했습니다. 주발이 마땅히 승상이 되어야 합니다."

　결국, 문제는 주발을 우승상에, 진평을 그보다 한 등급 아래인 좌승상에 임명했다.

—《한서》〈문제기(文帝記)〉 중에서

모든 공을 주발에게 양보하고, 자신은 그보다 낮은 좌승상에 오른 이 이야기는, 장량이 개국 공신 서열 62위를 자처했던 일화를 떠올리게 한다. 그만큼 주발은 처세에 능란했다.

사실 진평은 젊은 시절 유방의 막하 장수로서 작전 계획을 짜는 일을 맡았을 뿐만 아니라 항우에게서 유방을 여섯 차례나 구한 책략가로 상대를 무너뜨리기 위해서라면 이간책(離間策, 두 사람이나 나라 따위의 중간에서 서로를 멀어지게 하는 술책)도 서슴지 않았다. 항우와 그의 대부인 범증(范增) 사이를 갈라놓은 전략도 그의 머리에서 나왔다. 이에 용인(用人)의 달인이었던 조조는 구현령(求賢令)을 통해 그와 같은 인재를 찾았다.

형수와 관계를 맺었느니, 뇌물을 받았느니 하는 비난을 받으면서도 한 고조의 일등 공신이 된 진평(陳平) 같은 인재가 어딘가 있을 것이다. 오직 능력만으로 천거하라. 나는 능력 있는 사람을 중용할 것이다.

—《삼국지》 권1 〈위서〉 '무제기' 중에서

다섯 번이나 결혼한 여자를 아내로 삼다

한나라를 통일 국가로 만드는 데 큰 그림을 그린 설계자가 '장량'이라면, 진평은 20여 년이 넘는 동안 뛰어난 처세로 죽을 때까지 권력의 핵심에서 물러나지 않은 모략의 대가였다. 하지만 그의 시작은 보잘것없었다.

그는 위나라 출신으로 어린 시절부터 책 읽기를 매우 좋아했다. 그의 형 진백(陳伯)은 그런 동생의 명석함을 일찍부터 알아보고 고된 농사일 대신 학문에 전념할 수 있게 했다. 생각건대, 그런 형의 안목과 배려가 없었다면 그는 평범한 농사꾼이 되었거나 백수건달로 살다가 생을 마감했을지도 모른다.

당연히 가난한 살림에도 일하지 않는 그를 본 사람들은 이런저런 말을 하곤 했다. 심지어 형수와 사통했다는 소문까지 돌았다. 이때도 그의 형은 동생이 아닌 아내를 내쫓으며 그의 편을 들었다. 하지만 그 후로도 그의 백수 생활은 계속되었다. 그러다가 결혼할 나이가 되자, 장부(張負)라는 부자의 손녀를 아내로 삼기 위해 생애 첫 계략을 꾸몄다. 다섯 번이나 결혼했지만, 그때마다 지아비를 잃은 박복한 여자였다. 그는 모두가 꺼리는 그녀를 아내로 삼기 위해 상갓집 일을 도우며 가장 먼저 가서 가장 늦게까지 일했고, 소문과는 다르게 근면한 그를 유심히 본 장부는 그에게 큰 뜻이 있음을 알아보고 그를 손녀사위로 삼았다. 그렇게 해서 그는 돈 한 푼 들이지 않고 부잣집 사위가 되었을 뿐만 아니라 마음속 야망을 펼칠 수 있는 든든한 배경을 갖게 되었다.

죽을 때까지 권력의 핵심에 머문 처세의 달인

사실 그는 유방에 앞서 위 왕 위구(魏咎)와 항우를 섬겼다. 하지만 두 사람은 그의 계책을 끝까지 받아들이지 않았다. 그러다가 오랜 친구인 위무지(魏無知)의 천거로 유방을 만나게 되었는데, 예와 규범을 몹시 꺼리는 유방에게 그가 좋게 보일 리 없었다. 더욱이 형수와 사통했다는 소문까지 있었으니 당장 쳐내야 마땅했다. 다행히 유방의 그런 속마음을 눈치챈 그는 수완을 발휘해서 장수들을 감시하는 호군(護軍)을 맡게 되었다. 당연히 장수들의 비난이 빗발쳤다. 그중에는 주발도 있었다.

주발이 말했다.

"진평은 허우대는 멀쩡하지만, 속은 텅 빈자이옵니다. 신들이 들은 바에 의하면, 형수와 사통하였을 뿐만 아니라 위나라를 섬겼지만, 받아들여지지 않자 도망쳐서 초나라에 붙었다가 초나라에서도 뜻대로 되지 않자 한나라에 투항하였사옵니다. 그런데도 왕께서는 진평을 호군으로 삼으셨사옵니다. 또한 듣건대, 진평은 여러 장수에게서 황금을 받고 많이 준 자는 선처하고 적게 준 자는 홀대한다고 하옵니다. 이렇듯 변덕스럽기 짝이 없는 간신일 뿐이니 제대로 살펴 주시기 바라옵니다."

그 말에 고조는 즉시 진평을 천거한 위무지를 불러 꾸짖었다.

위무지가 말했다.

"신이 진평을 천거한 이유는 그의 능력 때문인데, 폐하께서는 지금 그의 행실을 묻고 있사옵니다. 행실이 바르다고 해도 전투를 승리를 이끌지 못한다면 무슨 쓸모가 있겠사옵니까? 신은 지략이 뛰어난 선비를 천거하였을 뿐이니, 왕께서는 진평의 계책이 한나라에 이로운가부터 따져 보시기 바라옵니다. 그다음에 형수와 사통했는지 황금을 받았는지 조사해 보시고 책임을 물으시는 것이 옳은 줄 아뢰옵니다."

그러자 고조가 진평을 불러 물었다.

"그대는 위 왕을 섬기다가 다시 초 왕을 섬기러 갔으며, 다시 나를 섬기고 있다. 신용이 있는 자는 본래 여러 마음을 품는 것인가?"

진평이 말했다.

"위 왕은 신의 계책을 쓰지 않기에 위 왕을 떠나 항 왕을 섬겼사옵니다. 또한, 초 왕은 항 씨 일가 외에는 사람을 믿지 못해 뛰어난 책사가 있더라도 중용하지 않는 까닭에 초나라를 떠났사옵니다. 그런데 왕께서는 사람을 잘 가려 쓰신다고 해서 귀순한 것이옵니다. 그리고 신은 맨몸으로 온 까닭에 당장 쓸 돈이 없어 장군들이 보내 준 황금을 받지 않을 수 없었사옵니다. 만약 신의 계책에서 쓸 만한 것이 있다면 받아들여 주시고, 쓸 만한 것이 없다면 사직하게 해주시옵소서. 황금은 아직 그대로 있으니 잘 봉해서 관청에 보내겠사옵니다."

그 말에 고조는 진평을 호군중위(護軍中尉)에 임명하여 모든 장수를 감독하게 하니, 감히 불평하는 장수가 없었다.

_《사기》〈한고조본기〉 중에서

이렇듯 진평은 사람의 마음을 읽고 조종하는 데 능수능란했다. 또한, 목적을 이루기 위해서라면 체면과 수모쯤은 감내할 줄 알았고, 수단과 방법 역시 가리지 않았다. 예컨대, 그는 유방 휘하에서 수많은 장수로부터 비난받았지만, 그들의 기질과 성향을 파악해서 살아남았고, 여태후 치하에서도 새로운 시대를 열기 위해 갖은 수모를 견디었다.

"과정이 아닌 '결과'가 모든 것을 말해준다"

단 한 번의 승리를 위해 진평은 여 씨 치하 10여 년 동안 경거망동하지 않고 술주정뱅이로 살았다. 그만큼 그는 처세에 뛰어났다. 이에 어떤 이들은 죽을 때까지 권력의 핵심에서 밀려나지 않은 그의 처세술을 장량보다 훨씬 높이 평가하기도 한다. 다만, 그는 책략보다는 모략에 더 밝았다. 그러다 보니 이간책은 물론 상대의 뒤통수를 치는 능력이 매우 뛰어났는데, 주발이 물러난 것 역시 그 때문이었다.

하루는 문제가 주발에게 물었다.

"우승상, 하루에 사형당하는 죄수가 몇 명쯤 되오?"

"잘 모르겠습니다."

"그럼 국고는 연간 얼마나 되는가?"

"그것도 모르겠나이다."

문제가 이번에는 진평을 향해 물었다. 그의 대답은 매우 간단했다.

"그런 문제는 주관하는 관리가 따로 있습니다. 그들에게 물어보십시오. 승상의 일은 위로는 황제를 보필하고, 아래로는 조정의 국사를 조정하며, 밖으로는 흉노와 제후를 제압하며, 안으로는 백성을 편안하게 하도록 모든 신하가 맡은 일에 최선을 다하도록 하는 것입니다."

"저도 모릅니다. 그런 것은 담당관에게 물어보십시오. 승상의 일은 위로는 황제를 보필하고, 아래로는 조정의 국사를 조정하며, 밖으로는 흉노와 제후를 제압하며, 안으로는 백성을 편안하게 하도록 모든 신하가 맡은 일에 최선을 다하도록 하는 것입니다."

진평의 말을 들은 주발은 진평이 자기보다 한 수 위임을 알고, 진평에게 우승상 자리를 양보하기로 했다. 이에 진평이 그랬던 것처럼 병을 핑계로 조정에 나가지 않았고, 문제는 주발의 마음을 헤아려 좌우승상 자리를 없애고 진평을 다시 하나뿐인 승상 자리에 앉혔다.

—《사기》〈진승상평세가(陳丞相平世家)〉 중에서

한편, 진평은 재상의 역할에 대해 다음과 같이 말했다.

상하 내외와 더불어 조정과 백성의 관계를 다스려 각 계층의 사람들이 맡은 바 임무를 다하고 모두가 옳은 방향을 따르도록 할 수만 있다면, 재상으로서 그보다 더 값진 성공은 없을 것이다.

—《사기》〈진승상평세가〉 중에서

하지만 진평 역시 자신의 방법이 정의롭지 않음을 알았다. 그래서 언젠가는 그 대가를 고스란히 돌려받을 것으로 생각했다. 이에 모략으로 점철된 자신의 삶에 대해 이렇게 말했다.

"나는 모략을 많이 꾸몄는데, 이것은 도가에서 꺼리는 바다. 만약 내 후손이 제후 자리에서 쫓겨난다면 그대로 다시는 일어서지 못할 것이다. 이는 내가 음모를 많이 꾸민 화근 때문이리라.”

아닌 게 아니라, 그의 작위는 증손자 진하(陳何)가 남의 아내를 강탈한 죄로 목이 잘리면서 폐지되었다. 다른 증손인 진장(陳掌)이 무제의 황후 위 씨의 형부가 되는 인연으로 다시 부귀를 누리긴 했지만, 끝내 후작(侯爵, 중국 고대 제후나 귀족의 다섯 등급 중 두 번째로 높은 작위. 중국에서는 황제 다음으로 제일가는 실세였다) 작위는 찾을 수 없었다.

그럼에도 불구하고, 때를 기다려 한나라의 기틀을 바로잡고 피폐한 나라를 다시 일으켜 세우는 데 진평의 공이 적지 않다는 것이 역사학자들의 공통된 평가다. 만일 그가 아니었다면 한나라는 영원히 여 씨의 나라가 되었을지도 모르기 때문이다. 그러다 보니 한초삼걸에 진평을 추가해 '한초사걸'로 불리기도 한다. 그런 그를 사마천은 다음과 같이 평했다.

진평은 젊었을 때 황제와 노장(老莊, 노자와 장자)의 학설을 즐겨 배웠고, 포부가 원대했다. 그러다가 결국 고조에게 귀의하여 항상 기묘한 계책을 내어 어려운 처지를 벗어나게 했으며, 나라의 걱정거리를 해결했다. 또한, 여후(呂后) 시대에 이르러 나라에 여러 가지 변고가 많았음에도 사직을 안정시킴으로써 영예로운 이름을 지니고, 어진 재상이라고 칭송되었다. 그러니 어찌 시작과 끝이 모두 훌륭하다고 할 수 없겠는가? 어느 누가 진평과 같은 지혜와 계략을 가지고 그와 같은 일을 이룰 수 있었겠는가?

_《사기》〈진승상평세가〉 중에서

길은 원래 꾸불꾸불한 것

한 고조의 고민 해결사

술과 여자를 좋아하고, 군신 간에 위아래 없이 함께 어울려서 노는 것을 좋아했던 한 고조 유방은 예의범절을 매우 싫어했다. 그러다 보니 책만 읽는 유생들을 무시하기 일쑤였고, 심지어 그들의 모자를 요강으로 삼기도 했다. 일국의 황제였지만, 한량(閑良) 같은 삶을 즐긴 것이다. 하지만 곧 그것을 후회했다. 천하 제패 후 막가파식 행동을 일삼는 공신들 때문에 골머리를 앓았기 때문이다. 명색이 황제인 그 앞에서 그들은 술에 취해 온갖 추태를 보이는 것도 모자라서 칼부림을 보이기까지 했다.

유방의 이런 고민은 한 사람에 의해 말끔히 정리되었다. 바로 숙손통(叔孫通)이다. 그는 예의라고는 전혀 없는 공신들 때문에 골치 아파하는 유방에게 황제 즉위식을 제안했다. 유방이 이런 일을 싫어한다는 사실을 알고 있었지만, 예법이 바로 서야만 황제의 위엄 역시 바로 설 수 있다며, 한나라의 예법을 새로이 만들어보겠다고 했다.

　　유생들로는 천하를 얻을 수 없지만, 천하를 다스릴 수는 있습니다. 오
제(五帝)는 각기 다른 음악을 즐겼고, 삼왕(三王)의 예는 서로 달랐습니
다. 예란 시대와 사람의 정서에 따라 간략하기도 하고, 화려하게도 하니
고로 하은주(夏殷周) 삼대의 예는 빼기도 하고 더하기도 해서 서로 중복
되지 않았음을 알 수 있습니다. 바라건대, 신은 고대의 예법과 진나라의
의례를 취해 한나라의 의례를 만들고자 합니다.

　　　　　　　　　　　　　　　　　　── 《사기》〈숙손통열전(叔孫通列傳)〉 중에서

　　고심 끝에 유방은 그의 제안을 승낙했고, 그는 곧 노(魯)나라로 건너가
서 30여 명의 학자를 데리고 돌아와 제자들과 함께 야외에 구역을 정한
후 존귀의 순위를 표시하는 표지물을 설치하여 조회 예의를 연습했다.
그리고 한 달여 후, 한 고조의 즉위식이 열렸다.

　　장락궁이 준공되자, 만조백관이 그 의식에 따라 입조하였다. 뜰 한가운
데는 경비병들이 무기를 갖추고 줄을 지어 서 있고, 궁전 밑에는 계단마
다 수백 명의 호위 군사가 늘어서 있었다. 공신, 제후, 장군들이 서열에 따
라 서쪽에 줄지어 섰으며, 문관은 승상 이하 서열대로 동쪽에 줄지어 섰
다. 곧이어 고조가 탄 수레가 나오자 백관이 깃발을 흔들어 환영하였고,
잠시 후 고조가 자리에 앉자 6백 명이 넘는 고관이 차례로 어전에 나가서

엄숙한 표정으로 축하했다. 하례가 끝나자, 모든 사람이 다시 엎드려 머리를 조아렸고, 서열에 따라 일어나서 축배의 술잔을 올렸다. 의식이 끝난 후 다시 주연이 베풀어졌지만, 시끄럽게 하는 자는 단 한 명도 없었다.

고조는 "이제야 황제가 된 것 같다"라며, 숙손통을 의례를 관장하는 태상(太常)에 임명하고, 황금 5백 근을 하사하였다.

— 《사기》 〈숙손통열전〉 중에서

그렇게 해서 즉위식 후 누구도 유방에게 함부로 근접할 수 없었다. 그제야 예의라면 질색부터 했던 유방 역시 의례가 얼마나 중요하고 큰 위력을 발휘하는지 비로소 체감했다. 하지만 숙손통이 예법을 정비한 동기는 따로 있었다. 그는 무시당하기 일쑤였던 유생들을 마음껏 이용해보라고 권하면서 유학의 지위 상승을 노렸다. 그리고 그의 이런 예상은 적중했다.

10여 명의 군주 아래서 권력의 파도타기를 즐기다

숙손통은 진시황부터 두 번째 황제 호해, 항량(項梁, 초나라 반란군의 지도자로 항우의 숙부), 초 희왕(鼇王), 항우, 한 고조 유방, 혜제(惠帝, 전한 2대 황제)에 이르기까지 10여 명의 군주 밑에서 높은 버슬을 지냈다. 그만큼 처세에 능했다.

기원전 209년, 진시황 사후 호해의 폭정과 조고의 농간에 못 이겨 각처에서 반란이 일어났다. 그 기폭제는 농민 출신 진승(陳勝)의 반란이었다. "왕후장상의 씨가 따로 있나!"라며 진승이 반란을 일으키자, 대부분 신하가 "즉시 토벌해야 한다"라고 주장했지만, 숙손통은 그들과 생각이 달랐다. 그는 정통성이 없는 호해가 '반란'을 인정하지 않으려 한다는 사실을 눈치채고 "그저 한때의 소란일 뿐이니, 크게 걱정할 필요 없다"라며 그의 근심을 덜어주었다.

궁에서 나온 후, 다른 유생들이 말했다.

"어찌 그리 아첨을 잘하십니까?"

그 말에 숙손통이 말했다.

"내가 그렇게 말하지 않았다면 우리 모두 호랑이 입에서 못 나왔을 것이오."

그러면서 그들에게 빨리 달아날 준비를 하라고 했다.

_《사기》〈숙손통열전〉 중에서

그런가 하면 항우를 버리고, 유방에게 귀순했을 때는 유학자들을 싫어하는 그의 비위를 맞추기 위해 유생의 옷이 아닌 유방의 고향에서 입는 짧은 적삼을 입기도 했다. 그 모습을 본 유방이 흐뭇해하며 "어디 쓸 만한 사람 없느냐?"라며 묻자, 유생들은 내버려 두고 건달과 도적처럼 힘깨나 쓰는 자들만 추천하였다. 당연히 화가 난 그의 제자들은 불평을 일삼자, 그는 이렇게 말하였다.

"지금 한 왕은 화살과 돌을 두려워하지 않고 천하를 다투고 있는데, 자네들이 활 쏘고 돌을 던져가며 싸울 수 있겠나? 좀 더 기다려보게. 곧 자네들을 중용할 때가 올 것일세."

유학자는 전쟁에 전혀 도움이 안 된다는 것을 알고 있었기에, 당장 적진으로 뛰어들어 적군을 베고 깃발을 빼앗을 수 있는 이들을 먼저 추천한 것이다. 그만큼 그는 철저한 현실주의자이자 앞을 내다볼 줄 알았다.

그렇다고 해서 그가 살아남기 위해 아첨만 한 것은 아니다. 말했다시피, 그는 의례를 제정하고 종묘와 원묘를 건립한 유학의 거장이었다. 또한, 한 고조가 태자를 폐하려 했을 때는 "태자를 폐하려거든 소신부터 죽이라"라고 직언하며 장자 승계의 원칙을 고수하기도 했을 만큼 꼿꼿한 원칙주의자이기도 했다.

"극한의 현실주의적 처세가"

숙손통은 유학자이면서 동시에 현실주의적 처세를 추구했다. 10여 명의 군주 아래서 목숨을 부지한 것도 모자라 높은 벼슬을 지낸 것을 보면 그의 수완이 얼마나 뛰어났는지 알 수 있다. 당연히 현실 영합적인 그의 모습은 유학자들에게 무수한 비난을 받았고, 심지어 그 앞에서 반발하는 이도 있었다.

그가 한나라의 예법을 만들기 위해 노나라로 건너가 학자를 만났을 때의 일이다.

한 학자가 그의 제안을 거절하며 이렇게 말했다.

"당신은 10여 명에 이르는 주군에게 아부하며 존귀한 지위를 얻었소. 지금 천하가 막 평정되었지만, 아직 죽은 이들의 장례도 끝나지 않았을 뿐만 아니라 부상자들은 완치되지 못했소. 이런 상황에서 어떻게 예악(禮樂)을 찾을 수 있단 말이오? 본래 예악이라는 것은 황제가 백 년 이상 인정(仁政)을 베풀고, 덕을 쌓아야만 비로소 일어나는 법이오. 그러니 우리는 당신이 하는 일에 절대 찬성할 수 없소. 당신이 하려는 일은 옛 법에 맞지 않는 일이니, 제발 우리를 욕되게 하지 마시오."

그 말에 숙손통이 그들을 향해 말했다.

"당신들은 정말 고루한 유생들이오. 어떻게 세상의 변화를 한 치도 알지 못하오."

_《사기》〈숙손통열전〉 중에서

그의 말마따나, 그의 물러가고 나아감은 모두 시대의 변화를 따랐다. 그런 점에서 볼 때 그는 현실주의자임과 동시에 철저한 기회주의자 겸 보신주의자라고 할 수 있다. 분서갱유를 한 진시황에게는 침묵으로, 2대 황제 호해에게는 거짓말로, 유방에게는 갖은 아부를 하며 권력의 파도타기를 즐긴 것이 그 방증이다.

그러니 그에 대한 평가 역시 당연히 엇갈릴 수밖에 없다. 예컨대, 북송의 대학자이자 개혁가로 《자치통감》을 편찬한 사마광은 "숙손통 같은 사이비 때문에 진정한 유가의 예의가 크게 상처 입었다"라며 분개했는가 하면, 사마천은 그에 대해 이렇게 평했다.

숙손통은 시대의 요구에 맞춰 급한 일부터 순서대로 처리하고 예법을 정비했다. 그의 물러가고 나아감은 모두 시대의 변화를 정확히 따랐으며, 마침내 한나라의 큰 유학자가 되었다. 참으로 곧은길은 굽어 보이며, 길은 원래 꾸불꾸불한 것이라고 한 말은 숙손통을 두고 하는 말이다.

—《사기》〈숙손통열전〉 중에서

죽음에도 무게가 있는 법

《사기》, 궁형의 치욕을 딛고 쓴 '불후의 역작'

"죽으려고 한다면 얼마든지 죽을 수도 있었습니다. … (중략) … 이 일을 완성하지 못할 것을 애석하게 여겼기에 극형을 당하고도 부끄러워할 줄 몰랐을 뿐입니다."

사마천이 궁형을 당한 후 친구 임안(任安)에게 보낸 편지, '임 소경에게 보내는 답장(報任少卿書)'에 나오는 말이다. 이 글에서 그는 굴욕 속에서도 구차한 삶을 이어간 이유는 가슴속에 품은 뜻이 있기 때문이라고 했다. 그것은 아버지 사마담(司馬談)의 유훈에서 비롯되었다.

우리 선조는 주(周) 왕실의 태사로 아주 먼 옛날 순(舜), 하(夏) 시대부터 천문을 관장해 공명(功名)이 빛났다. 그 후 집안이 기울기 시작했는데, 결국 내 대(代)에서 끊어지려나 보다. 만일 내가 죽거든 네가 태사가 되어 조상의 일을 이어다오. 나는 태사로 있으면서도 현군과 충신들의 행적을 기록하지 못했다. 이러다가는 천하의 역사와 문장이 잊힐 것만 같아 심히 두렵다. 부디, 내 뜻을 이어다오.

—《사기》〈태사공자서(太史公自序)〉중에서

그가 35살이던 기원전 110년, 한 무제는 한 황실의 봉선례(封禪禮, 제왕이 천지를 제사 지낸 의례. 하늘의 제사를 봉(封), 땅의 제사를 선(禪)이라고 한다)를 지냈다. 그런데 이때 그의 아버지 사마담은 태사령이었는데도 행사에 초대받지 못했다. 권력 투쟁에서 밀려났기 때문이다. 그 결과, 분노와 실의에 빠져서 죽으면서 아들에게 그와 같은 유훈을 남겼다.

그렇게 해서 사마천은 궁형의 치욕을 견디며 14년 동안 각국의 기록을 모아 흥망성쇠의 이치를 정리하고, 오만 군상의 인간학을 담은 책을 완성했다. 상고 시대 황제부터 그가 살던 한 무제에 이르는 3천여 년의 역사를 기록한 것으로 130편, 5개 분야(제왕 12본기, 제후 30세가, 다양한 인물 군상의 삶을 담은 70열전, 그리고 각종 제도와 풍속 등을 기록한 8서, 연대기 10표), 52만6,500자에 이르는 방대한 기록이었다. 그것이 바로 동양 최고의 역사 고전으로 꼽히는《태사공서(太史公書)》, 즉 흔히 말하는《사기(史記, 한나라 사람들이 사마천의 사기 이전에 쓰인 역사를 부르던 명칭)》다.

《사기》가 주목받는 이유는 이전의 역사책과는 완전히 다른 구성 방식 때문이다. 이전의 책들이 단편적인 사실을 기록하거나 연대순으로 간략하게 서술하는 데 그친 반면, 사마천은 수많은 문헌과 답사를 통해 자신만의 역사관을 담은 인물 중심의 전혀 새로운 역사서를 창조했다. 그리고 이는 후대의 정통으로 굳어져, 그 후 중국의 모든 역사서는 《사기》의 형식을 따랐다. 하지만 《사기》를 쓸 당시 사마천의 심경은 꽤 복잡하고 참혹했다. 무엇보다도 궁형으로 인한 몸과 마음의 상처가 매우 컸다. 특히 여름이면 지독한 냄새 때문에 가족조차 그를 멀리했을 정도였다. 그로 인한 마음고생이 얼마나 심했는지 임안에게 보낸 편지에 그 심경이 잘 나타나 있다.

> 궁형을 당하는 것보다 더 큰 치욕은 없습니다. … (중략) … 백세의 세월이 흐른다고 해도 이 쓰라린 치욕은 잊히지 않을 것입니다. 지금도 그것을 생각하면 하루에도 아홉 번 장이 뒤집히고, 망연자실하여 무엇을 잃은 듯하며, 길을 걷고 있어도 어디로 가야 할지 모를 지경입니다. 그 치욕을 생각할 때마다 식은땀이 등줄기를 타고 흘러내려 옷을 적시지 않은 적이 없습니다.
>
> ─《한서(漢書)》62권 〈사마천열전〉 '보임소경서(報任少卿書)' 중에서

그러면서 죽지 않고 《사기》를 쓴 이유를 다음과 같이 밝혔다.

> 지난날을 서술하여 미래에 희망을 걸어본 것입니다. … (중략) … 하늘과 인간의 관계를 탐구하고, 고금의 변화에 통달하여 일가의 말을 이루고

자 했습니다.

—《한서》 62권 〈사마천열전〉 '보임소경서' 중에서

한 무제와 비정한 세상에 대한 복수

사마천의 삶은 미스터리 그 자체다.《사기》를 제외하고는 그에 관해 알려진 것이 거의 없기 때문이다.

기원전 145년, 한나라 전성기에 태어난 사마천은 20세 무렵 가업인 태사령을 잇기 위해 중국 전역을 돌아다니며 주요 유적지를 관찰하고, 각종 전설과 사료를 수집했다. 양쯔강과 회하를 돌아보고, 회계산(會稽山)에 올라 우 임금의 동굴 유적을 찾아가 보기도 했으며, 제나라와 노나라의 옛 도읍에 들러 공자의 유풍(遺風, 후세에 끼친 가르침)을 살펴보기도 했다.

그 후 아버지 사마담의 뒤를 이어 태사령이 된 그는 역사 편찬과 천문의 일을 맡으며, 한 무제를 수행해 태산에서 열린 봉선례에 참여함으로써 아버지 사마담의 해묵은 원한을 풀었다. 하지만 흉노 정벌 전쟁에서 중과부적 탓에 적에 투항한 장군 이릉(李陵)을 변호하다가 그만 무제의 노여움을 사 사형을 선고받고 말았다. 당시 한나라는 흉노와의 전쟁에서 재정이 고갈되어 사형수라도 50만 전만 내면 형을 면제받을 수 있었다. 당시 50만 전은 군사 5천 명을 1년 동안 유지할 수 있는 돈으로, 하급 신하인 사마천에게 그런 거금이 있을 리 없었다. 결국, 사마천은 사형 대신 궁형이라는 치욕을 택했다. 그리고 이는 아이러니하게도 필생의 역작인《사기》의 창작으로 이어졌다. 이에 그는《사기》의 머리말에 해당하는 〈태사공자서〉에 다음과 같이 썼다.

> 여기저기 흩어져 있는 역사를 주워 모아서 기록하고 정리하고자 합니다. 위로는 황제 헌원(軒轅, 중국 신화에 등장하는 전설상의 황제)에서부터 아래로는 현재에 이르기까지 인간세계를 연구할 것입니다. … (중략) … 만약 이 글이 세상에 나와 나의 뜻을 아는 사람에게 전해지고 널리 퍼진다면, 지금까지 마음에 쌓인 굴욕을 조금은 보상받을 수 있으리라고 생각합니다.
>
> ―《사기》〈태사공자서〉 중에서

《사기》는 사마천이 정의롭지 않은 세상을 향해 쏟아낸 울분의 출구였다. 그래서인지 그가 남긴 글을 보면 세상을 향해 치밀어 오르는 분노를 애써 삭이려고 하거나, 그것을 그대로 분출한 구절이 곳곳에 엿보인다.

> 공자를 비롯한 성인들은 모두 착한 사람이 복을 받는다고 했는데, 백이숙제는 어찌하여 채미산(采薇山)에 들어가서 고사리를 캐 먹다가 비참하게 죽었는가. 하늘이 착한 사람에게 보답으로 베풀어 준다면 어찌 이런 일이 있을 수 있단 말인가.
>
> ―《사기》〈백이열전(伯夷列傳)〉 중에서

규범을 전혀 따르지 않고, 법령이 금지하는 일만 하면서도 평생을 즐거워하며 대대로 부귀가 이어지는 사람이 있다. 그런가 하면 걸음 한 번 내딛는 데도 땅을 가려서 딛고, 말할 때도 알맞을 때를 기다려야 하며, 길을 갈 때는 작은 길로 가지 않고, 공평하고 바른 일이 아니면 떨쳐 일어나서 하지 않는데도 재앙을 만나는 사람 역시 그 수를 헤아릴 수 없을 정도다. 나는 매우 당혹스럽다. 만일 이것이 하늘의 도라면 옳은가, 그른가(天道是耶非耶)?

—《사기》〈백이열전〉 중에서

만일 사마천이 궁형의 치욕을 견디지 못해 목숨을 끊었다면 우리가 아는《사기》는 세상에 존재하지 않을 것이다. 당연히 그의 이름 역시 누구도 알지 못할 것이며, 그의 사무친 원통함 역시 개인적인 한으로만 그쳤을 것이다. 하지만 그는 한 무제라는 절대 권위에 맞서 무려 14년 동안 치욕을 견디며《사기》를 완성했다. 이는 자신에게 궁형을 내린 한 무제와 비정한 세상에 대한 그만의 복수이기도 했다.

"동양에서 역사라는 학문을 최초로 정립한 사람"

사마천은 동양에서 '역사'라는 학문을 처음으로 정립한 사람이라고 해도 과언이 아니다. 그 이전의 역사라는 개념은 주로 '역(歷)'이라고 표기했는데, 이는 달력에 중심을 둔 생활 개념이었다. 그러던 것이 사마천 사후 역사라는 단어가 생기면서 지금의 개념으로 바뀌었는데, 여기에는 그의 업적을 기리는 뜻이 담겨있다.

한편, 사마천은 왜 죽음보다 더한 치욕의 궁형을 당하면서도 살아남는 길을 선택했는지, 왜 끝내 《사기》를 남겼는지에 대한 자신의 심정을 담은 편지를 후대에 남겼다. 앞서 말한 친구 임안에게 보내는 편지 '보임소경서'가 바로 그것이다.

당시 임안은 억울한 누명을 쓰고 옥에 갇혀 죽음을 기다리고 있었다. 이에 사마천은 "나중에 무고가 밝혀지면 명예를 회복할 수 있으니, 일단 살아서 재기를 노리라"라고 조언했다. 하지만 임안은 끝까지 궁형을 거부했고, 한 무제 역시 그가 자신을 속이려는 불충한 마음을 갖고 있다며, 결국 그를 죽이고 말았다.

죽음은 단 한 번이지만, 다만 그 죽음이 어느 때는 태산보다도 더 무겁고, 어느 때는 새털보다도 더 가볍습니다. 그것은 어떻게 죽느냐에 따라 달라집니다. … (중략) … 예로부터 어려움을 극복해 고난 속에서도 남달리 뛰어난 일을 이룬 인물들은 몇백 년이 지난 지금까지도 그 이름이 칭송되고 있습니다. 주나라 문왕은 옥에 갇혀서 《주역》을 연구해 글로 남겼으며, 공자는 곤액을 당하고 나서 《춘추》를 썼습니다. 좌구명은 두 눈이 먼 뒤에 《국어》를 지었고, 손빈은 두 다리를 잘라내는 형벌을 받고서 그 유명한 《병법》을 완성했습니다. 여불위는 촉에서 유배를 살았기에 《여씨춘추》가 지금까지 전해지고 있으며, 한비자는 진나라에 갇혔기에 〈세난〉, 〈고분〉의 글을 쓸 수 있었습니다. 《시경》에 실린 시 300편도 대부분 성현이 분발해서 지은 것입니다. 이렇듯 역사에 이름이 남는 일은 대부분 생각이 엉켜서 잘 풀리지 않고, 마음이 통할 곳을 잃었을 때 이루어집니다. 궁지에 몰려 있을 때라야 지나간 일을 돌이켜보면서 미래를 바라볼 수 있는 지혜를 얻기 때문입니다. 좌구명이 시력을 잃고, 손자가 다리가 부러졌을 때 세상 사람들은 그들이 다시 일어서게 되리라고는 상상조차 할 수 없었을 것입니다. 하지만 그들은 그러한 참혹한 고통을 이겨내며 글을 쓰고, 방책을 저술했으며, 울분을 토했고, 문장을 남겨서 자신의 진정(眞情, 진실한 사정)을 표현했습니다.

—《한서》 62권 〈사마천열전〉 '보임소경서' 중에서

그 말마따나, 사마천 역시 새털같이 가벼운 죽음이 아닌 대의를 위해 산같이 무거운 삶을 택했다. 그것은 바로《사기》의 완성이었다. 하지만 《사기》완성 후 그에 대한 기록은 전혀 찾아볼 수 없다. 다만, 다음과 같은 기록이 전할 뿐이다.

그 재능에도 불구하고, 또다시 고통을 당했으니, 그 최후가 평안하지 않았다.

—《한서》 〈사마천열전〉 중에서

이를 통해 보건대, 그의 말년이 평탄하지 않았음을 알 수 있다. 그의 후손들에 의하면, "또 한 번 황제를 비판해서 처형되었다"라는 얘기가 있다. 하지만 이 역시 정확하지 않다. 그만큼 그에 대한 기록은 전혀 남아 있지 않다. 그러니 대부분 추정만 할 뿐, 정확한 것은 알 수 없다.

사마천은 생전에 한 치의 명예도 얻지 못했다. 죽은 뒤, 그것도 외손자 양운(楊惲)이 《사기》를 세상에 내놓은 후에야 그 이름을 비로소 알릴 수 있었다. 그런 그를 역사는 패자가 아닌 승자로 기록하고 있다. 그 이유는 자명하다. 누구도 그와 같은 업적을 남기지 못했기 때문이다.

> 사마천의 사기는 2천 년이 지난 지금에도 위대한 유산으로 숭앙받지만, 유철(劉徹, 한 무제의 자)이란 이름은 누가 기억하는가?
>
> — 중국 역사학자 펑차오린(馮朝霖)

사마천은 다양한 인간군상의 〈열전〉을 쓰기 위해 수많은 책을 모으고 읽어야 했다. 이런 과정에서 잊힐 뻔했던 수많은 이야기가 《사기》에 수록되며 살아남았다. 생각건대, 그것만으로도 그의 위대함은 빛을 발한다고 할 수 있다.

국궁진력 사이후이(鞠躬盡力 死而後已)

훌륭한 재상과 충성스러운 신하의 모범

충(忠). 충성, 공평, 정성 등을 뜻하는 한자다. 가운데를 뜻하는 '중(中)'과 마음을 나타내는 '심(心)'이 합쳐진 글자로 '한쪽으로 치우치지 않는 공평한 마음', 즉 '올곧은 마음'을 뜻했지만, 고대 유가(儒家)에서 신하가 임금을 섬길 때 취해야 하는 태도를 충(忠)이라고 하면서 '임금이나 나라에 대한 충성'을 뜻하게 되었다. 그 때문에 신하의 도리를 지키고, 나라를 위해 몸을 아끼지 않은 이들을 기릴 때 '충'이란 시호를 붙이곤 하는데, 군사 부문에서 큰 업적을 이룬 장군에게 내리는 것이 일반적이다.

《삼국지》에도 '충'이란 시호가 붙은 인물이 있다. 바로 제갈량(諸葛亮)이다. 알다시피, 그는 탁월한 능력뿐만 아니라 타의 모범이 되는 행동과 충성심으로 당대 사람은 물론 후대 사람의 존경을 동시에 받으며, 훌륭한 재상과 충성스러운 신하의 모범으로 꼽히고 있다. 아닌 게 아니라,

그는 조조에게 여러 번 회유를 받았지만, 죽는 순간까지도 삼고초려의 은혜를 잊지 않고 유비와 유선(劉禪) 2대를 섬겼다.

> 신은 한낱 포의(布衣, 선비)로서 남양(南陽)에서 스스로 밭을 갈아 난세를 근근이 살고자 했을 뿐, 제후 밑에서 벼슬하며 몸의 영달을 꾀하려는 생각은 없었습니다. 그러나 선제(先帝, 유비)께서 신을 천하다고 생각하지 않고, 황공하게도 스스로 몸을 굽히시어 세 번이나 신의 초막(草幕)을 찾아오셔서 당면한 세상일을 물으시는지라, 신은 감격하여 선제를 위해 한 몸 바쳐 헌신할 것을 맹세했습니다.
>
> ─《삼국지》 권35 〈촉서〉 '제갈량전' 중에서

사실 '충무(忠武)'라는 시호는 군사적인 일에서 훌륭한 공적을 쌓은 이에게 주어지는 것으로, 군사보다는 내치에 더 치중했던 제갈량과는 어울리지 않는 측면이 있다. 하지만 그가 오장원(五丈原)에서 죽자, 촉의 2대 군주인 유선은 그의 공을 기리며 충무(忠武)라는 시호와 함께 무향후(武鄕侯, 제갈량을 '제갈무후'라고 칭하는 이유이기도 하다)라는 관작을 내렸다. 변치 않은 그의 충성심을 높이 샀기 때문이다.

> 그대의 천성은 문무를 겸비하고 밝은 지혜를 갖췄으며, 독실하고 성실하여 탁고의 유조(遺詔, 임금의 유언)를 받아 몸소 짐을 보필하니, 끊어진 것을 잇고 쇠미한 자를 흥하게 하며 난세를 평정할 뜻이 있었다. 이에

육사(六師)를 정돈해 정벌하지 않은 해가 없었고, 신무(神武)를 혁혁하게 빛내어 위엄을 천하에 떨쳐 계한(季漢, 전한, 후한을 이은 '최후의 한 나라'라는 뜻에서 일컫는 촉한의 별칭)에 큰 공을 세웠으니 이윤(伊尹)과 주공(周公)의 큰 공훈과 나란하도다. 어찌 하늘이 보살피지 않아 대사가 거의 이루어지려는 찰나에 병을 만나 죽게 되었는가! 짐은 상심하고 서러워 가슴이 찢어지는 듯하다. 무릇, 덕을 존중해 공의 순서를 세우고 행적을 기록해 시호를 명하니, 이로써 장래에 빛나게 하고 책에 기재하여 쇠하지 않게 하려 한다. 아, 슬프도다. 아, 슬프도다!

_**《삼국지》권35 〈촉서〉 '제갈량전' 중에서**

두 번의 〈출사표出師表〉, 유비에 대한 마지막 충성심

유비에게 있어 제갈량은 날개와도 같았다. 그를 얻은 후 조조 및 손권과 비로소 어깨를 나란히 할 수 있었기 때문이다. 그런 제갈량을 유비가 얼마나 각별하게 생각했는지는 그를 얻은 후 관우와 장비에게 한 말에서도 알 수 있다.

내가 공명을 얻은 것은 물고기가 물을 만난 것과 같다.

_**《삼국지》권35 〈촉서〉 '제갈량전' 중에서**

제갈량은 그런 자신을 알아주는 유비를 위해 죽는 순간까지 충성을 다했다. 그 결과, 많은 사람이 '명참모' 하면 제갈량을 가장 먼저 떠올린다.

아닌 게 아니라,《삼국지》에 등장하는 수많은 인물 중 제갈량만큼 오랜 세월 동안 사람들의 마음을 휘어잡은 이는 없다. 수많은 당대 영웅이 뜬 구름처럼 사라졌지만, 그만은 수많은 세월이 흘렀는데도 그 이름이 지워지지 않고 살아남아 있다.

국궁진력(鞠躬盡力). 제갈량이 1차 북벌에서 실패한 후 두 번째 출정에 앞서 유선(劉禪)에게 바친 〈후출사표(後出師表)〉에 나오는 말로 "공경하는 마음으로 몸을 낮춰 온 힘을 다한다"라는 뜻이다.

> 신은 몸을 굽혀 모든 힘을 다하고, 죽은 후에야 그것을 멈출 것입니다 (臣 鞠躬盡力 死而後已).

—《삼국지》권35 〈촉서〉 '제갈량전' 중에서

사실 이 말 만큼 제갈량의 삶을 잘 나타낸 문장은 없다.

유비는 죽으면서 제갈량에게 "아들 유선이 시원찮거든 대신 나라를 맡아 달라"는 탁고(託孤, 고아의 장래를 믿을 만한 사람에게 부탁함)를 남긴다. 그러자 제갈량은 흐느껴 울면서 이렇게 맹세했다.

"그런 일은 절대 있을 수 없습니다. 신은 언제까지나 신하로서 충성을 다할 것이며, 목숨 걸고 태자 전하를 지킬 것입니다."

그 후 제갈량은 마지막 힘을 모아 위나라와의 싸움에 나섰다. 하지만 그것은 모험에 가까웠다. 당시 위나라와 촉나라의 군사력을 객관적으로 비교했을 때 6대 1 정도로 촉나라가 절대 열세였기 때문이다. 제갈량 역시 이 사실을 모르지 않았다. 그런데도 그가 위나라와의 일전에 나선 것은 한나라 부흥이라는 유비와의 약속을 지키기 위해서였다. 더욱이 자신이 죽으면 더는 그 약속을 지킬 수 없었기에 절대 이길 수 없는 싸움임을 알면서도 앞장설 수밖에 없었다. 그런 점에서 볼 때 위나라와의 싸움에 앞서 유선에게 올린 두 번의 〈출사표〉는 자신을 알아준 유비에 대한 마지막 충성심이라고 할 수 있다.

공명정대하고, 공·사가 분명했던 '원칙주의자'

한때 많은 직장인이 《삼국지》의 인물 중 가장 모시고 싶은 리더로 제갈량을 꼽았다. '공명정대하고, 공·사가 분명하다'라는 것이 그 이유였다.

그 말마따나, 제갈량은 모든 일을 처리할 때 세 가지 원칙을 철저히 지켰다. 이른바 '3공(三公)'으로 공개(公開)·공정(公正)·공평(公平)이 바로 그것이다.

그는 모든 정책이나 전투 계획을 세울 때 공개적으로 했으며, 그에 대한 평가 역시 공정하고, 공평하게 했다. 심지어 본인에게조차 엄격하게 이 원칙을 적용했기에 누구도 이의를 제기할 수 없었다.

인재를 선발할 때 역시 마찬가지였다. 귀를 항상 열어두고, 공개적으로 인재를 선발했다. 귀를 열어둔 것은 여러 사람의 다양한 의견을 듣겠다는 것이었다. 자신이 틀렸을 수도 있기 때문이다. 그러다 보니 누가 봐도 부족함 없는 인물을 공개적으로 뽑았다.

'합조위저(合槽喂猪)'와 '선엄후관(先嚴後寬)'의 원칙 역시 철저히 지켰다. 합조위저란 "돼지는 먹이통을 합쳐서 키운다"라는 뜻으로 경쟁을 통해 시너지 효과를 일으키는 것을 말한다. 이에 제갈량은 능력이 떨어지거나 비슷한 부하들에게 같은 일을 시킴으로써 서로를 자극하고 발전할 수 있게 했다. 또한, 그는 규율과 질서를 매우 중요하게 생각했다. 특히 오합지졸의 군대를 일사불란한 조직으로 만들기 위해서는 고삐를 바짝 당길 필요가 있었다. 그것이 바로 '선엄후관'으로 "먼저 엄하게 대하고, 나중에 너그럽게 대한다"라는 뜻이다. '읍참마속(泣斬馬謖)'이 그 대표적인 예다.

제갈량은 위나라로 진군하다 사마의(司馬懿)가 이끄는 20만 대군과 대치하게 되었다. 이때 가장 염려되는 것이 식량 보급의 요충인 가정(街亭)을 지키는 일이었는데, 절친한 친구의 동생인 마속이 그 일을 맡겠다고 자청했다. 제갈량은 어린 그를 보내는 게 마음에 걸려 경험 많은 장수를 딸려 보내면서 길목을 지키도록 했다. 그러나 마속은 군령을 어기고 산으로 적을 유인해 역습을 가하려다 참패하고 말았다. 이에 제갈량은 측근의 만류에도 불구하고 마속의 목을 베도록 한 뒤 형장으로 끌려가는 그를 보고는 "죄는 현명하지 못한 내게 있는데, 나라를 위해 너를 죽이는구나"라며 엎드려 울었다.

—《삼국지》 권35 〈촉서〉 '제갈량전' 중에서

하지만 이는 철저히 계산된 행동이었다. 비록 마속을 아끼기는 했지만, 군령을 어긴 그를 죽임으로써 군대의 사기를 한껏 끌어 올릴 수 있었기 때문이다. 그만큼 그는 사람의 마음을 움직여서 얻은 신뢰를 바탕으로 조직을 이끄는 냉혹한 리더이기도 했다.

제갈량에게 전혀 흠이 없는 것은 아니다. 부하들의 개성과 흠을 조금도 용납하지 않은 결과, 뛰어난 인재를 평범한 인물로 만들기도 했다. 그 대표적인 인물이 바로 위연(魏延)이다. 촉한의 뛰어난 장수였던 위연은 유비의 품에서는 천재적 기량을 발휘했지만, 제갈량의 손에 결국 죽고 말았다. 자신과 성격이 맞지 않는다는 것이 그 이유였다. 나아가 이는 그가 유비를 보좌하는 27년 동안 후계자를 키우지 못하는 치명적 실수로 이어졌고, 촉이 50여 년도 채 이어지지 못하고 위나라에 의해 멸망하는 원인이 되고 말았다.

"《삼국지》의 실제 주인공"

큰 것을 얻으려면 먼저 작은 것을 버릴 줄 알아야 한다. 작은 것에 집착하면 큰 것을 얻을 수 없기 때문이다. 《손자병법》에서는 이를 '욕금고종(欲擒姑縱, '사로잡으려면 먼저 풀어 줘라'라는 뜻)이라고 했다. 여기서 금(擒)은 '목적'이고, 종(縱)은 '방법'을 말한다. 그런 점에서 볼 때 미래를 내다볼 줄 아는 사람만이 '욕금고종'의 뜻을 제대로 이해할 수 있다. 눈앞의 이익에만 급급해서 가진 것을 절대 놓치지 않는 사람은 큰 것을 놓치기 쉽기 때문이다.

유비가 죽은 후 제갈량은 유선을 보필하며 위나라와의 일전을 준비했다. 하지만 그 전에 남만의 분란을 먼저 수습해야 했다. 문제는 남만 왕으로 불리던 '맹획(孟獲)'이었다. 그는 굽힐 줄 모르는 강직한 성격으로 많은 사람의 지지를 받았다. 이에 제갈량은 한 번의 승리로는 그를 승복시킬 수 없을 것으로 생각하고, 그를 사로잡았다가 풀어주기를 일곱 번이나 거듭했다. 칠종칠금(七縱七擒)이라는 말이 여기서 유래했다.

제갈량이 많은 장수의 반대에도 불구하고, 맹획을 일곱 번이나 놓아준 이유는 그를 완전히 복종시키기 위해서였다. 그의 마음을 얻지 못하면 그를 따르는 남만의 수많은 부족과 전투를 치를 것이 뻔했기 때문이다. 다행히 제갈량의 진심을 안 맹획은 촉에 충성하기로 맹세했고, 이후 제갈량은 위나라 공략에 전념할 수 있었다.

지방의 가난한 선비였던 제갈량은 유비의 삼고초려에 의해 역사의 전면에 등장한 것으로 알려져 있다. 하지만 위나라의 역사학자 어환(魚豢)이 남긴《위략(魏略)》과 서진의 역사학자 사마표(司馬彪)가 집필한《구주춘추(九州春秋)》에 적힌 이야기는 전혀 다르다. 진수 역시《삼국지》에서 이를 인용했다.

조조가 형주를 침공하자, 제갈량은 걱정이 태산이었다. 형주 자사 유표(劉表)가 조조를 감당할 능력이 없다고 판단한 제갈량은 인근 번성(樊城)에 머물던 유비를 찾아갔다. 하지만 유비는 자신보다 한참 어린 그를 대수롭지 않게 생각했다. 그러다가 제갈량이 조조의 침공을 물리치려면 북방 유민을 받아들여 세수를 늘리고 군사력을 증진해야 한다고 하자, 그제야 그의 이름을 묻고 '와룡을 알아보지 못했다'라고 했다.

ㅡ《삼국지》 권35 〈촉서〉 '제갈량전' 중에서

중요한 것은 유비의 삼고초려가 먼저인지, 제갈량이 먼저 유비에게 다가갔는지가 아니다. 그는 아무것도 없었던 유비를 영웅으로 만든 것은 물론 조조, 손권과 어깨를 나란히 할 수 있게 만들었다. 무에서 유를 창조한 셈이다. 그만큼 유능한 참모였고, 충분히 한 나라를 이끌만한 그릇이었다. 이는 그가 죽은 후 촉나라가 어떻게 되었는지만 봐도 알 수 있다.

234년 봄, 5차 북벌에 나선 제갈량은 10만 대군을 이끌고 오장원에 진을 치고 위의 사마의와 대치했다. 하지만 사마의는 수비만 할 뿐 전혀 싸우려고 하지 않았다. 이에 100여 일 동안 대치와 산발적인 교전이 계속되었다. 그러던 중 제갈량이 갑자기 쓰러지고 말았다. 과로와 병이 겹친 탓이었다. 결국, 그는 "정군산에 묻어 달라"라는 유언을 끝으로 다시는 일어나지 못했다. 이때 그의 나이 54살이었다.

정군산은 제갈량이 군대를 정비하며, 천하 통일이라는 대업의 꿈을 키운 곳이었다. 이에 비록 대업을 이루지는 못했지만, 죽어서도 나라와 백성을 지키고자 했던 것이다. 그만큼 그의 충성심은 죽은 뒤에도 이어졌다. 그런 그가 당대는 물론 후세 사람들의 존경을 받는 것은 당연하리라.

제갈량은 백성들을 안정시키고, 가야 할 길을 제시하고, 시대에 맞는 정책을 내고, 마음을 열고, 공정한 정치를 행하였다. 이리하여 영토 안의 사람들은 모두 그를 존경하고 사랑했다. 형벌과 정치는 엄격했는데도 원망하는 자가 없었던 것은 그의 마음가짐이 공평하고 상벌이 명확했기 때문이다.

_《삼국지》 권35 〈촉서〉 '제갈량전' 중에서

생각건대, 적벽대전 당시 제갈량의 '지천명(知天命)'이 없었다면 유비는 대세를 장악한 조조를 절대 이길 수 없었을 것이다. 그렇게 되면 우리가 아는 중국의 역사 역시 크게 달라졌을 것이 틀림없다. 그 때문에 《삼국지》의 실제 주인공은 제갈량이라고 해도 과언은 아니다.

자기를 이기는 사람이 최후의 승자

《삼국지》최후의 승자

누구나 살면서 수없이 모욕의 순간을 만난다. 그때마다 참지 못하면 뜻한 바를 쉽게 이룰 수 없다. 따라서 성공하려면 성급함을 가장 먼저 버려야 한다. 모욕받는 상황에서도 부드러움으로 상대를 제압하는 것이야말로 최고의 지략이기 때문이다.

《삼국지》를 보면 수많은 책사가 신출귀몰한 전략과 모략 대결을 벌인다. 그중 으뜸은 역시 제갈량이다. 떠돌이 신세였던 유비를 제왕으로 만들었을 뿐만 아니라 삼국의 당당한 한 축인 촉을 세웠기 때문이다. 그렇다면 제갈량의 라이벌로는 누구를 꼽을 수 있을까.

주유(周瑜)나 방통(龐統), 순욱을 꼽는 사람들이 많다. 하지만 주유의 경우 워낙 단명한 탓에 제대로 된 지략 대결을 펼치지 못했고, 방통은 같은 유비 휘하에 있었으며, 순욱은 한 세대 위의 인물이라는 점에서 제대로 된 라이벌이라고 할 수 없다. 그런 점에서 볼 때 제갈량의 진정한 라이벌은 사마의(司馬懿, 흔히 '사마중달'이라고도 불린다)라고 할 수 있다.

1,800여 년 전, 천하를 놓고 제갈량과 사마가의가 벌인 7년의 대결은 그만큼 흥미로웠다. 두 사람은 유비와 조조를 대신해서 지략 대결을 펼쳤을 뿐만 아니라 일진일퇴를 거듭하며 끊임없이 경쟁했다. 하지만 일을 풀어가는 방식은 사뭇 달랐다. 제갈량이 뛰어난 계책과 넓은 안목으로 난국을 돌파해냈다면, 사마의는 매우 신중했을 뿐만 아니라 타인의 장점을 잘 습득했다. 또한, 제갈량이 자신이 원하는 방식으로 일을 밀어붙였다면, 사마의는 자신을 다스릴 줄 알았다. 예컨대, 그는 제갈량으로부터 여자 옷을 선물 받는 굴욕을 당하면서도 군대를 함부로 움직이지 않았고, 전장에서 승리한 후에도 군주의 처벌을 바란다는 시를 지어 바칠 만큼 언행을 삼가고 참을 줄 알았다. 그런 사마의를 제갈량은 무던히도 괴롭혔다. "죽은 공명이 산 사마의를 달아나게 한다(死孔明走生仲達)"라는 말까지 있을 정도다. 그만큼 그는 제갈량의 꾀에 번번이 당했을 뿐만 아니라 콤플렉스에 내내 시달렸다. 하지만《삼국지》최후의 승자는 제갈량이 아닌 바로 그였다.

저조(低調), 몸을 낮추고, 때를 기다리다

책사는 시대를 읽을 줄 알아야 한다. 그러자면 사람과 사물을 환히 꿰뚫어 보는 능력, 즉 '통찰력'을 지녀야 한다. 그것이 전부가 아니다. 입바른 소리를 통해 최고 권력자가 엇나가지 않게 하고, 흔들리지 않는 신뢰를 쌓아야 한다. 나가고, 물러날 때 역시 잘 알고 실천해야 하며, 함부로 나서지 않고, 심지 또한 굳어야 한다. 책사가 말이 많으면 권력자의 권위가 약해지고, 책사가 흥분하고 설치면 정치꾼으로 전락하기 때문이다.

사마의는 '저조(低調)', 즉 스스로 몸을 낮추고, 기회를 기다릴 줄 알았다. 생각건대, 중국 역사상 그에 필적할 만한 인내심을 가진 사람은 아마 없을 것이다. 그만큼 그는 아무리 어려운 상황에서도 함부로 나서지 않고, 마음을 쉽게 드러내지 않았다. 또한, 상대를 함부로 공격하지 않고, 부드럽고 섬세하게 대처했다. 그러면서도 항상 자신을 낮추는 겸허함으로 삼국통일의 기반을 닦아 손자 사마염(司馬炎, 서진의 창건자이자 초대 황제)이 조방(曹芳, 위의 제3대 황제)으로부터 양위 받아 사마 씨의 진(晉)나라를 세우게 했다. 그 때문에 '인내심의 대가'라는 말과 함께 '희대의 전략가', '주군을 배신한 역적'이라는 말이 항상 따라붙곤 한다.

사실 조조는 단번에 사마의의 야망을 알아챘다. 사마의 역시 이를 알고 더욱 신중하게 처신했다. 조조가 벼슬을 내려도 병을 핑계로 출사하지 않았다. 이에 조조는 사람을 시켜 밤중에 몰래 그를 엿보게 했는데, 자리에 누운 채 전혀 움직이지 않았다.

사마의가 조조에게 출사하지 않은 이유는 당시 조조보다는 원소의 세력이 훨씬 컸기 때문이다. 그러니 자칫 잘못하면 목숨이 날아갈 수도 있었기에 어쩔 수 없이 거짓 연기를 해야만 했다. 그의 연기가 얼마나 뛰어났는지 집안 하인들조차 속을 정도였다. 그가 얼마나 치밀한 성격인지 보여주는 일화가 있다.

어느 날, 뒤뜰에 책을 펼쳐 놓고 말리던 중 소나기가 내렸다. 책을 무척 아끼던 그는 버선발로 달려 나가서 책을 거두었다. 그런데 그만 여종 한 명에게 그 모습을 들키고 말았다. 결국, 그와 그의 아내는 여종의 입을 막기 위해 그녀를 죽였다.

—《삼국지》 권1 〈위서〉 '무제기' 중에서

서기 208년 6월, 승상이 된 조조는 결국 그를 반강제로 곁에 두었다. 그러면서도 "사마의는 절대 신하로만 머물 사람이 아니다"라며 그를 의심하고 경계했다.

가치부전(假痴不癲)의 승부사

사마의는 조조와 더불어 후세 역사가들에 의해 비열한 인간의 전형으로 꼽힌다. 하지만 이는 저평가 된 면이 없지 않다. 그야말로 때를 기다릴 줄 알고, 실리를 챙기는 책략가였기 때문이다. 예컨대, 제갈량이 도덕 정치를 이상으로 여기고 군자의 풍모로 세상을 바꾸려고 했다면, 사마의는 권력의 흐름을 살피며 은인자중하면서 철저히 실리적인 삶을 살고자 했다. 실례로, 조조 밑으로 들어간 그는 조조, 조비(曹丕), 조예(曹睿), 조방으로 이어지는 위 왕조 4대를 섬기는 동안 철저히 몸을 낮추며, 결정적 기회가 올 때까지 욕망을 절대 드러내지 않았다. 성공에 가까웠을 때가 가장 위험하고, 형세가 좋을 때 잘못을 범하기 쉽다고 생각했기 때문이다. 이런 그의 처세술은 제갈량과의 마지막 일전을 벌인 오장원 전투에서 더욱 빛을 발했다.

제갈량이 갖은 지략과 허를 찌르는 전략으로 그를 긴장하게 했지만, 그는 수비만 할 뿐 절대 함부로 싸우려고 하지 않았다. 제갈량이 군사들을 시켜 "겁쟁이 사마의"라며 욕을 퍼붓게 하고, 여자 옷을 선물로 보내는 치욕을 당하면서도 참고, 또 참았다. 심지어 제갈량이 보낸 여자 옷을 입고 사례까지 했다. 당연히 전투는 교착 상태에 빠졌고, 촉한 군의 사기 역시 크게 떨어졌다. 그런데 그때 제갈량이 갑자기 병사하고 말았다.

제갈량은 죽으면서 양의(楊儀)와 강유(姜維)에게 퇴각을 맡기고, 장완(蔣琬)에게 자신의 자리를 계승하게 했다. 그러면서 "사마의가 쫓아올 수 있으니, 자기 모습을 본뜬 좌상을 만들어 수레에 앉혀 지휘하는 것처럼 보이게 하라"라고 했다.

얼마 후 촉의 군대는 그의 유언에 따라 그가 살아 있는 것처럼 위장하고 퇴각했다. 그러자 제갈량의 말마 따나 사마의 군대가 온 힘을 다하여 추격해왔고, 촉의 군대는 북을 치고 깃발을 흔들며 반격에 나섰다. 당연히 수레 위에는 제갈량이 앉아 있었다. 이를 본 사마의는 제갈량이 살아 있는 줄 알고 즉시 도망쳤다. 앞서 말한 "죽은 공명이 산 사마의를 달아나게 한다"라는 말은 여기서 유래했다. 이와 관련해서 그는 이렇게 말한 바 있다.

"싸울 수 있을 때는 싸우고, 싸울 수 없을 때는 지키고, 지킬 수 없을 때는 달아나고, 달아날 수 없을 때는 항복하고, 항복할 수 없으면 죽어야 한다.”

결국, 사마의는 최대의 라이벌인 제갈량과의 치열한 지략 싸움 끝에 그의 북벌을 막아냈을 뿐만 아니라 위나라의 두 번째 황제인 조예 사후 실권을 장악하며 서진 건국의 토대를 마련하였다.

가치부전(假痴不癲). 손자병법 삼십육계 중 27계 전략으로 “바보처럼 보여 난관을 극복하라”라는 뜻이다. 사마의는 이 전략을 가장 잘 활용한 사람이었다.

서기 239년, 위 명제 조예가 죽자 그의 8살 된 아들 조방이 즉위했다. 이때 조방의 가까운 친척이자 후견인인 대장군 조상(曹爽)이 병권을 장악하며 권력을 남용하자, 사마의는 병을 핑계로 고향에 내려가 기회를 엿보았다. 조상이 그의 동태를 파악하기 위해 수시로 사람을 보냈지만, 10년 동안 중환자처럼 행세하며 세상일에 전혀 관심 없는 것처럼 행동했다. 조상은 그것을 진짜로 믿었다. 하지만 조상이 조방을 데리고 고평릉(高平陵, 조예의 무덤)에 참배 간 사이, 사병을 동원해 수도 낙양을 점거해버렸다. 위나라의 실권이 조 씨에서 사마 씨에게 넘어가며, 훗날 서진이 세워지게 되는 원인이 되는 이 사건을 ‘고평릉 사변’ 혹은 ‘정시(正始, 조방의 연호)정변’이라고 한다.

이런 사마의를 두고 마오쩌둥은 “조조보다 몇 배는 뛰어난 인물”이라 했고, 당 태종 역시 “웅대한 전략과 뛰어난 책략을 지닌 인물”이라고 했다. 그만큼 사마의는 때를 기다릴 줄 아는 인내의 승부사였다.

왕좌지재(王佐之才)의 비극

조조의 '장자방'

왕좌지재(王佐之才). '왕을 도울 만한 재능'이라는 뜻으로, '왕을 보좌하여 큰 공을 세울 능력을 지녔거나, 한 사람을 왕으로 만들 수 있는 능력을 갖춘 인재'를 가리킨다. 조조를 도와 삼국 중 가장 강한 나라를 만들어 훗날 통일 제국 진(秦)의 토대가 된 위나라의 초석을 닦는 데 큰 공을 세운 순욱(荀彧)을 일컫는 말이기도 하다. 줄여서 '왕재(王才)'라고도 한다.

이는 남양의 명사로 이름 높던 하옹(何顒)이 어린 순욱을 만난 것에서 비롯되었다.

하옹이 순욱을 보고 감탄하며 말했다.

"왕을 보필할 만한 재주를 가졌구나(王佐才也)."

《삼국지》권10 〈위서〉 '순욱전(荀彧傳)' 중에서

하옹의 자는 백구(伯求)로 사람을 감별하는 재주가 뛰어났다. 예컨대, 조조를 기이하게 여겨 "장차 한나라가 망하면 천하를 편안히 할 자는 바로 이 사람이다"라고 말하기도 했다.

그만큼 순욱은 비범한 인물로 천하의 흐름을 정확히 읽는 안목을 지니고 있었다. 또한, 주군의 인물됨을 평가해서 그릇이 작으면 과감히 버리고 다른 길을 모색했다. 실제로 그는 고향이 병란에 휩싸일 것을 알고 가족과 함께 기주(冀州)를 장악한 원소에게 갔지만, 그가 큰일을 이룰 그릇이 되지 못한다는 것을 알아보고는 즉시 그를 떠나 조조에게 귀의했다. 그러자 조조는 "자방을 얻었다"라며 매우 기뻐했고, 그는 그런 조조를 20여 년 동안 보좌하며 위나라가 중원의 패권을 차지하는 데 결정적인 역할을 했다.

서로 다른 꿈, 조조의 건국을 반대하다

알다시피, 조조는 누구보다 많은 장수와 책사를 거느리고 있었다. 특히 인재 영입을 위해서라면 먼 길도 마다하지 않았기에 당대 최고의 인물 대부분이 그의 곁에 있었다. 하지만 그 많은 인물 중에서도 조조가 가장 신임한 이는 바로 순욱이었다. 의심이 많은 탓에 누구도 믿지 않은 조조였지만, 순욱만은 예외였다. 전쟁터를 전전하면서도 그에게만은 모든 일을 믿고 맡겼을 정도였다.

순욱은 뛰어난 지략과 담력을 겸비한 전략가였다. 《삼국지》 3대 대전으로 꼽히는 관도대전(官渡大戰)을 승리로 이끌어 다른 군벌을 압도하며 역사를 바꾼 것도 바로 그였다. 알다시피, 관도대전은 조조가 원소의 대군을 격파하면서 다른 군벌을 압도한 시작점이 된 전투다. 그러니 조조에게 있어 관도대전의 승리를 이끈 순욱의 존재는 책사 이상이었다. 그만큼 그를 믿고 의지했다.

서기 200년, 조조와 원소는 칼끝을 서로에게 겨누고 있었다. 둘 중 하나는 없어져야 하는 운명이었다. 당시 누구도 원소의 승리를 의심하지 않았다. 군사의 수만 100만 명에 육박할 만큼 대세를 이루고 있었기 때문이다. 지략이 뛰어난 조조마저 그와의 전면전을 두려워할 정도였다. 이때 순욱이 나섰다.

원소의 세가 아무리 강하다고 하지만, 그것은 잘못된 판단입니다. 원소는 군사는 많을지 모르지만, 조정으로부터 아무런 관직을 받지 못한 군벌일 뿐입니다. 그에 비해 주공은 천자의 명을 받은 대장군으로 정치적 명분이 있습니다. 또한, 원소에게는 많은 사람이 모이지만, 그들을 등용하고 부리는 재주는 없습니다. 그에 비해 주공은 용맹과 지혜를 겸비했으며, 순리를 얻어 천하에 당당하게 나설 수 있습니다. 그러니 원소와 싸우면 백전백승할 것입니다.

—《삼국지》 권10 〈위서〉 '순욱전' 중에서

결국, 조조와 원소는 그해 10월 관도에서 마주했다. 하지만 곧 지구전에 들어갔다. 먼저 고민에 빠진 이는 조조였다. 원소의 군대는 정예병만 10만여 명에 가까웠지만, 그의 군사는 고작 4만여 명뿐인 데다가 식량마저 바닥났기 때문이다. 진퇴양난에 빠진 조조는 결국 후방에 있던 순욱에게 '이만, 돌아가겠노라'라며 편지를 보냈다.

군량은 점점 떨어지고, 군사들 역시 지쳐가고 있소. 더욱이 사방이 적에 둘러싸여 수개월째 한 발짝도 못 움직이는 처지니, 이만 허도로 철수하고, 훗날을 도모하는 것이 어떤가 하오?

—《삼국지》 권1 〈위서〉 '순욱전' 중에서

하지만 순욱은 단호하게 반대하며, 다음과 같은 답장을 보냈다.

장수가 승리하기 위해서는 계략, 도량, 무력, 덕이 필요합니다. 그런데 주공은 이 모든 것을 갖추고 있지만, 원소는 그렇지 않습니다. 또한, 원소는 독단적이고, 부하를 믿지 않으니, 곧 그의 군대에 내란이 일어날 것입니다. 그러니 조금만 더 분발하면 승리할 수 있을 것입니다.

—《삼국지》 권10 〈위서〉 '순욱전' 중에서

전쟁의 승패는 장수의 의지에 좌우되는 만큼 더욱 강한 의지를 다지라는 말이었다. 이에 다시 분발한 조조는 원소의 모사 허유(許攸)가 배신한 틈을 노려 원소의 군을 철저하게 유린하고 격파하며 대승을 거두었다.

이로써 조조는 당대 최강자 원소를 꺾고 마침내 중원과 북방의 실질적인 맹주로 우뚝 서게 되었다.

당연히 조조는 순욱의 공을 잊지 않았다. 그의 공로를 인정하여 만세정후(萬歲亭侯)에 봉했을 뿐만 아니라 자신의 딸 안양공주를 그의 장남 순운(荀惲)과 결혼시키기까지 했다. 그만큼 조조에게 순욱은 사돈을 맺어서라도 곁에 두고 싶은 인재였다. 하지만 두 사람은 지향하는 바가 서로 달랐다. 조조가 황제가 되어 천하를 직접 다스리려고 한 반면, 순욱은 한 황실의 부흥을 꿈꾸었기 때문이다. 이는 순욱이 후한의 마지막 황제 헌제(獻帝)를 맞이하는 데서 잘 드러났다.

서기 196년, 헌제는 내란으로 황폐해진 낙양으로 돌아왔고, 원소와 조조 양 진영에서는 황제를 자기 진영으로 모시려는 논의가 분분했다. 하지만 원소 진영은 더는 황실의 부흥을 기대하기 어려울 뿐만 아니라 오히려 속박당할 수 있다면서 황제 모시길 거절한 반면, 순욱은 "황제를 받들어 백성의 소망에 따르는 것이 순리며, 공정한 태도로 각자의 호족과 영웅들의 마음을 사로잡아 스스로 복종하도록 하는 것이 대략이다. 만일 이 기회에 행동하지 않고 천하가 황실에 대한 충성심을 잃어버린 다음이 되어서는 이미 늦다"라며 황제의 옹립을 강력히 주장했다. 그렇게 해서 황제를 받든 조조는 황제를 끼고 천하를 호령할 수 있는 정치적 명분을 얻게 되었을 뿐만 아니라 한나라의 실질적인 주인이 되었다. 그런데 아이러니하게도 이때부터 조조와 순욱의 갈등이 시작되었다.

순욱은 대의와 예, 신의를 중요하게 생각했다. 이에 아랫사람을 대할 때도 자신을 낮추었고, 자리에 앉아서 사람을 대하지 않았다. 또한, 생각을 함부로 드러내지도 않았으며, 언제나 모든 일을 공정하고, 공평하게 처리했다. 일례로, 그에게는 재능이 뛰어난 조카가 있었지만, 그는 조카에게 어떤 일도 맡기지 않았다.

어떤 사람이 순욱에게 물었다.

일을 처리할 때 조카와 상의하지 않고 왜 의랑(議郎, 낭관 중에서 지위가 비교적 높은 직책)과 함께 논의합니까?

그 말에 순욱이 웃으며 말했다.

관직이란 재능이 드러나야 출세하는 법이오. 만약 그대의 말처럼 한다면 많은 사람이 나를 어떻게 생각하겠소?

순욱의 공평하고, 공정한 마음은 이와 같았다.

—《삼국지》 권10 〈위서〉 '순욱전' 중에서

순욱은 조조를 같은 목표를 지닌 동지라고 생각했다. 하지만 그것은 그의 착각에 지나지 않았다.

서기 212년, 동소(董昭)가 순욱을 찾았다. 동소는 문서 위조의 달인으로 권모술수에 능했다. 조조에게 새로운 나라를 세우게 한 것도 그였다. 그는 순욱에게 조조를 구석(九錫, 천자가 공이 큰 신하나 황족에게 준 9

가지 특전)을 누릴 수 있는 위 왕으로 임명하자고 제안했다. 하지만 순욱은 이에 반대한 것은 물론 조조가 막내 조식(曹植)을 후계자로 선정하려고 했을 때도 적장자 원칙을 내세우며 조비(曹丕)에게로 원만한 승계를 주장했다. 그런 순욱이 조조의 눈에 좋게 보일 리 없었다.

어느 날, 조조는 순욱에게 음식을 내렸다. 그런데 찬합이 모두 비어 있었다. 순욱이 그 뜻을 모를 리 없었다. 한마디로 "그대는 내게 빈 그릇과도 같은 존재이니, 그대가 알아서 해결하라"라는 것이었다. 조조의 마음을 안 순욱은 결국 자살로써 삶을 마감했다. 그때 그의 나이 50세였다.

"청아한 풍모와 왕좌의 풍격, 선견지명을 갖춘 최고의 모사"

"호랑이는 죽으면 가죽을 남기고, 사람은 죽으면 이름을 남긴다"라는 말이 있다. "사람은 죽어서도 그 이름이 남으니 절대 정도(正道)에서 어긋나게 살아서는 안 된다"라는 뜻이다.

중국 저장성 항저우에는 서호(西湖)라는 큰 호수가 있다. 이곳에는 중국인이 《삼국지》의 명장 관우와 함께 가장 존경하는 송나라 장군 악비(岳飛)의 묘가 있다. 악비는 '중국의 이순신'으로 불리는 인물로 희대의 간신 진회(秦檜)의 모함으로 젊은 나이에 살해당한 비운의 영웅이다. 이에 억울하게 죽은 그를 추모하고, 진회를 응징하기 위해 그의 무덤 앞에 진회 부부의 동상을 만들어 무릎을 꿇려놓았는데, 많은 사람이 침을 뱉고 욕하는 것을 주저하지 않는다. 죽어서도 악비에게 죄를 갚으라는 경고이자 배신자에 대한 보복인 셈이다. 악비가 죽은 지 벌써 900여 년 가까운 세월이 흘렀지만, 여전히 그 일이 반복되는 것을 보면 죽는다고 해서 이름이 사라지는 것이 아님을 알 수 있다.

순욱은 조조의 건국을 반대한 한나라의 마지막 충신이었다. 그런 그의 높은 지조와 충성심은 동시대 사람은 물론 후대 사람으로부터도 큰 존경을 받았다. 그를 가까이서 지켜본 사마의는 그에 대해서 이렇게 말했다.

"책에서 전하는 오랜 일들을 나는 눈앞에서 직접 보고, 들었다. 백수십 년 동안 순령군(荀令君, 순욱)보다 뛰어난 이는 절대 없었다."

수많은 역사가가 순욱을 조조의 최고 책사로 꼽는다. 곽가(郭嘉)나 사마의는 실리만 채웠을 뿐 명분을 살리지 못하였지만, 순욱은 명분과 실리 둘 다 취했을 뿐만 아니라 조조가 패업을 이루는 데 가장 큰 공을 세운 일등 공신이기 때문이다. 그런 점에서 볼 때 순욱은 비록 비극적인 결말을 맞았지만, 성공한 삶을 살았다고 할 수 있다. 수많은 세월이 흘렀지만, 여전히 많은 사람이 그를 기억하고 우러러보기 때문이다.

《삼국지》의 저자 진수 역시 순욱과 그의 조카 순유(荀攸), 그리고 가후를 조조의 모사 중 가장 뛰어나다고 생각해 같은 권(券, 〈위서〉 10권)에서 다루었는데, 그중에서도 순욱을 제일 앞에 넣으며 이렇게 평했다.

청아한 풍모와 왕좌의 풍격, 선견지명을 갖추었지만, 뜻을 달성하는 것에는 뛰어나지 못했다.

—《삼국지》 권10 〈위서〉 '순욱전' 중에서

난세에 살아남는 법

《삼국지》에서 가장 저평가된 인물

"책략에 실수가 없고, 사태의 변화를 꿰뚫었다."

정사 《삼국지》의 저자 진수가 한 인물을 두고 한 말이다. 《삼국지》 강의로 유명한 중국의 역사학자 리중톈 역시 그를 가리켜 "제갈량보다 뛰어난 책사"라고 치켜세우며 이렇게 말했다.

"처세에 매우 능해 난세를 살면서도 천수를 누린 몇 안 되는 사람 중 하나다."

과연, 그 주인공은 누구일까.

조조의 책사 가후(賈詡)가 바로 그 주인공이다. 가후는 시대를 꿰뚫는 혜안과 정도(正道)를 주장하며, 위나라 제일의 개국공신이 되었다. 하지만 나서야 할 때가 아니면 함부로 나서지 않았고, 논공행상 역시 전혀 다투지 않았다. 출세에 관심 없어서가 아니었다. 큰 권력을 노리기에는 약점이 너무 많았기 때문이다.

우선, 그는 조조에게 불구대천의 원수와도 같았다. 조조에게 귀의하기 전 동탁(董卓)의 사위인 우보(牛輔)의 참모이자, 이각(李傕), 곽사(郭汜), 장수(張繡)의 모사로 활동하면서 조조의 군대를 두 번이나 대파했을 뿐만 아니라 조조의 장남 조앙(曹昂)과 조카 조안민(曹安民), 호위 장수 전위(典韋)가 그의 계략에 휘말려 죽었기 때문이다. 심지어 조조 역시 죽기 일보 직전까지 몰렸다. 그러니 조조는 물론 그에게 원한을 품은 이가 한둘이 아니었다.

놀라운 것은 그를 대한 조조의 태도다. 유재시거를 중시한 군주답게 조조는 그의 과거 행적을 전혀 문제 삼지 않았다. 심지어 절대 열세였던 원소와의 관도대전에서 누군가가 원소에게 편지를 써서 자신의 약점을 알리는 일이 일어나자, 대부분 가후를 의심했지만, 조조만은 예외였다. 그는 편지를 보지도 않고 불살라버렸다. 그만큼 가후를 자기 사람으로 만들고자 했다.

문제는 조조 사후에도 안전하리라는 보장은 없었다는 점이다. 특히 조조의 후계자인 셋째 아들 조비(曹丕)는 사소한 원한조차 기억할 만큼 냉혹한 인물이었고, 일단 눈 밖에 나면 공훈이나 재능 따위는 전혀 신경 쓰지 않았다. 실제로 그는 가후의 장수 중 하나를 여러 번 핍박하다가 죽이기도 했다. 하지만 가후만은 끝까지 죽이지 않았다.

그런 조비를 황제로 만든 것은 아이러니하게도 가후였다. 그는 조조의 정실이 아닌 계비인 변 씨의 소생으로 장남 조앙과 차남 조삭(曹鑠)에 이은 셋째 아들이었다. 그런데 조앙이 전쟁에서 죽고, 몸이 약했던 조삭마저 병사한 후 그들의 생모인 유 황후가 세상을 떠나자 변 씨가 제1 황후가 되면서 그 역시 자연스럽게 조조의 적장자가 되었다. 하지만 조조는 그가 아닌 성격이 밝고 글재주가 뛰어난 조식(曹植, 조비의 둘째 동생)을 후계자로 점찍었다. 또다시 후계 경쟁에서 밀려난 셈이다. 이 문제를 해결한 사람이 바로 가후였다.

어느 날, 조조가 자신의 후계자로 조비와 조식 중 누가 낫겠냐고 물었다. 가후는 곧바로 대답하지 않고 딴청을 부렸다. 이상하게 생각한 조조가 그 이유를 묻자, 가후가 말했다.

"잠시, 원소와 유표의 아들들을 생각했습니다. 그런데…"

—《삼국지》권10 〈위서〉 '가후전' 중에서

원소와 유표는 장자에게 권력을 계승하지 않아서 나중에 권력 다툼이 일어난 경우였다. 직설적인 표현 대신 침묵과 비유로 둘러댔지만, 가후의 말은 곧 "권력은 장자에게 물려주지 않으면 안 된다"라고 한 것이었다. 비록 조비가 자신을 끊임없이 괴롭혔지만, 앞날을 생각하며 그의 편을 든 것이다. 그러면서 조비에게 조조의 마음을 움직이는 방법을 알려주었다.

"바라건대, 장군께서는 인덕과 관용을 발휘하고 숭상하며, 평범한 선비의 업을 행하고, 아침부터 저녁까지 바쁘게 하며, 아들의 도리를 그르

치지 않으면 됩니다."

그렇게 해서 조비는 은인자중하며 때를 기다렸고, 결국 조조의 뒤를
이을 수 있었다. 그가 바로 위나라를 창업한 문제(文帝, 사실 위나라의 첫
번째 황제지만, 아버지 조조를 초대 황제로 추존했다)다. 하지만 너무 일
찍 죽고 말았다. 제위에 오른 지 6년만인 226년 5월, 40세의 나이로 돌연
병사했기 때문이다. 이는 위나라에 있어 치명적인 일이었다.

제갈량을 뛰어넘는《삼국지》최고 전략가

역사를 보면 제때 진퇴를 결정하지 못해 개인은 물론 나라가 쇠락하는
모습을 자주 볼 수 있다. 가장 대표적인 예가《삼국지》의 적벽대전이다.

알다시피, 적벽대전은 손권과 유비가 연합해서 급속히 세력을 팽창하
던 조조에 맞선 전투로 관도대전, 이릉대전과 함께《삼국지》3대 전투로
꼽히며, 그중에서도 가장 유명한 전투로 알려져 있다. 그런데 누구도 조
조의 승리를 의심하지 않았던 이 전투의 패배로 인해 천하 통일을 꿈꾸
던 조조의 야망은 좌절되고 말았다.

서기 208년 6월, 원소와 그의 잔당을 모두 처리하고 승상이 된 조조는
9월에 형주를 점령한 후 강동마저 정복할 계획을 세웠다. 이른바 적벽
대전의 시작이었다. 이때 가후는 유일하게 반대하며 이렇게 말했다.

"덕으로 다스리면 형주도, 손권도 결국 주공에게 머리 숙일 것입니다."

하지만 조조는 그의 조언을 무시하고, 100만 대군을 휘몰아쳐 강공을

펼쳤다가 오히려 대패하고 말았다. 만일 이때 조조가 가후의 말을 들었다면 죽기 전에 천하 통일을 달성했을 수도 있었다는 것이 전문가들의 공통된 의견이다. 그만큼 조조에게 있어 적벽대전은 뼈아픈 패배였다.

그런 가후를 나관중은 일개 군사 전략가로 철저히 격하시켰다. 이는 가후의 출신 배경 때문이었다. 가후가 태어난 서량(西涼)은 예부터 강(羌)족과 흉노족의 고장이었다. 그러니 중화주의 사관에 젖은 나관중에게 가후는 오랑캐의 후예와도 같았다. 더욱이 그는 나관중이 그렇게도 증오하는 조조의 모사였다. 이것이 바로 나관중이 가후는 철저히 낮추고, 실제로 없던 전투까지 만들어내면서 제갈량을 《삼국지》 최고 전략가로 신격화한 이유다. 하지만 제갈량은 관우나 장비, 조자룡처럼 무력이 뛰어난 장수도 아닐뿐더러 신산귀모(神算鬼謀, 뛰어난 계략과 귀신같은 꾀)의 능력을 지닌 책사도 아니었다. 전쟁보다는 내치에 치중한 정치인이었기 때문이다. 이에 진수는 "제갈량은 세상을 다스리는 이치를 터득한 인물로 관중과 소하에 비교할 만하지만, 매년 군대를 움직이면서도 성공하지 못한 것은 아마 임기응변의 지략이 없었기 때문일 것"이라고 말했다. 반면, 가후에 대해서는 이렇게 말했다.

"천하의 지혜를 논하려고 하는 자는 가후에게 왔다."

아닌 게 아니라, 《삼국지》를 보면 가후는 대부분 중요한 사건의 배후에 깊숙이 개입되어 있다. 그만큼 그는 통찰력을 지닌 《삼국지》 최고의 전략가였다. 하지만 여느 책사처럼 권력을 탐하고 누리기보다는 고개 숙이고 지내야만 했다. 여섯 번이나 주군을 바꾸었다는 주변의 곱지 않은 시선 때문이었다. 그런데도 그는 매번 책사로서 능력을 인정받으며 승승장구했다. 더욱이 삼공(三公, 옛날 중국 조정에서 가장 높은 세 개의 관직) 중 하나인 태위(太尉, 지금의 국무총리급)까지 오르면서 77세까지 천수를 누렸다.

6명의 군주를 섬긴 기회주의자 혹은 처세의 달인

제갈량, 순욱 같은 《삼국지》의 주류 책사들과 가후를 비교할 때 가장 대비되는 점은 능동성이다. 제갈량과 순욱 같은 이들이 나아갈 방향을 미리 잡고 실천했다면, 가후는 선택의 갈림길에 섰을 때야 비로소 거기에 맞는 계책을 세웠다. 그만큼 철저히 피동적인 삶을 살았다. 그런데도 그가 비난받는 이유는 동탁과 이각의 폭정을 만든 장본인이기 때문이다.

동탁이 낙양에 갓 입성했을 때 그 휘하에는 고작 3천여 명의 병력밖에 없었다. 그런 동탁에게 야밤에 몰래 낙양을 빠져나간 뒤 낮에 다시 서량에서 북을 울리며 입성하게 하는 계책을 내놓은 이가 바로 가후였다. 또한, 동탁 사후 그의 무장이었던 이각과 곽사에게 왕윤(王允)과 맞서 싸우라고 조언한 것 역시 그였다. 이각과 곽사는 어린 헌제를 보좌하는 왕윤이 무서워서 줄행랑쳤던 인물로 만일 가후가 아니었더라면 후한은 멸망하지 않았을 수도 있었다. 이에 대해 《삼국지》에 주석을 단 남북조시대의 역사가 배송지(裴松之)는 이렇게 말했다.

동탁이 죽어 민중이 겨우 평안을 찾았는데, 이각 등을 도운 일은 마땅히 비판받아야 한다. 따라서 가후는 순욱, 순유와 같은 열전에 들어갈 인물이 못 되고 정욱, 곽가 등의 열전에 들어가야 한다.

— 《남사(南史)》〈배송지열전〉 중에서

가후는 순욱이나 노숙처럼 명문가 출신도 아닐뿐더러 변방 중의 변방 출신의 흙수저로 이사람 저사람 옮겨 다니며 권력에 순응하는 삶을 살았다. 그러다 보니 대부분 그를 꺼리고 무시하기 일쑤였다. 이에 그는 자신의 재능을 다른 이들이 시기하지 않도록 항상 말을 삼가고, 가능한 한 사람을 만나지 않았으며, 자식의 혼인 역시 권세가와 맺지 않았다. 철저히 비주류의 삶을 산 것이다.

이런 그를 '기회주의자'라고 하는 사람도 적지 않다. 맞는 말이다. 하지만 적어도 그는 권력을 탐하고 그것을 이용해서 부정한 삶을 살지는 않았다. 진수 역시 그의 그 점을 높이 평가하며, 순욱, 순유와 함께 그를 조조의 가장 뛰어난 책사로 꼽았다.

가후는 오직 자기 능력만으로 난세를 헤쳐 나갔다. 그런 점에서 볼 때 난세에 살아남는 처세에서는 그를 넘어설 만한 이가 없다. 비록 한 명의 군주를 모시는 충성심은 없었을지 모르지만, 능력과 처세에 있어서만은 누구보다도 뛰어났기 때문이다.

가후는 변화에 따르는 융통성이 있다.

— 《삼국지》 권10 〈위서〉 '가후전' 중에서

조조의 운명을 바꾸다

조조가 가장 아꼈던 참모

난세를 해결하는 힘은 인재에 달려 있다고 생각했던 조조는 한 가지라도 특별한 재주가 있으면 누구도 마다하지 않았다. 출신 불문, 명성 불문에 이전의 행적조차 전혀 문제 삼지 않았다. 나아가 격식과 틀에 얽매이지 않은 것은 물론 사적인 감정과 인연조차 내세우지 않았다. 그 결과, 친족 몇 사람으로 출발했던 그의 세력은 곧 당대를 대표하는 인재들의 집합소가 되었다. 유능한 장수만도 수천여 명이 넘었고, 참모와 책사는 그 수를 헤아릴 수 없을 정도였다.

조조의 참모 중 곽가(郭嘉)라는 이가 있었다. 그는 고비 때마다 기발한 아이디어를 내놓으며 조조의 총애를 받았지만, 품행이 바르지 못했다. 조조 앞에서도 침을 뱉고 욕하기 일쑤였다. 그러다 보니 "곽가를 탄핵하라"라는 상소가 끊이지 않았다. 이를 주도한 인물은 사공 진군(陳羣)이었다. 이에 조조는 진군에게 "매우 바르고 엄정한 신하"라며 상을 내리면서도 곽가를 끝까지 내치치 않았다. 재주는 재주, 품행은 품행이라고 생각한 것이다. 그만큼 곽가를 아꼈다.

곽가와 조조는 첫 만남부터 이심전심으로 통했다. 순욱의 추천으로 처음 만난 두 사람은 서로를 보자마자 "내 대업을 이루게 할 사람은 바로 이 사람이다"라는 확신을 하게 되었다.

조조가 순욱에게 서신을 보내 말했다.

"희지재(戲志才, 조조의 초기 모사)가 죽은 뒤 함께 일을 헤아리며 의논할 사람이 없소. 여남과 영천에는 빼어난 사람이 많으니, 누가 그 뒤를 이을 만하오?"

그러자 순욱은 곽가를 추천했고, 그를 만나 천하의 일을 논의한 조조는 크게 기뻐하며 이렇게 말했다.

"내 대업을 이루게 해 줄 사람은 반드시 이 사람이다."

이때 곽가 역시 조조와의 만남을 기뻐하며 이렇게 말했다.

"실로 내 주인이시다."

—《삼국지》 권14 〈위서〉 '곽가열전' 중에서

사실 곽가는 당대 대부분 인재가 그랬듯이, 조조에 앞서 원소를 먼저 만났다. 하지만 그의 그릇이 부족함을 알고 곧 그를 떠나면서 이렇게 말했다.

곽가가 원소의 모신인 신평(辛評)과 곽도(郭圖)에게 말했다.

"원공(원소)은 사람을 씀의 중요한 점을 알지 못하오. 두서는 많으나, 요령은 부족하며, 모책(謀策)을 좋아하나, 결단력은 없으니, 그와 더불어서 함께 천하의 대난을 구제하고 패왕의 업(業)을 정하는 것은 어려울 것이오!"

_《삼국지》권14 〈위서〉 '곽가열전' 중에서

그런 그가 볼 때 조조는 똑똑하고, 세상을 읽는 눈 역시 매우 뛰어났지만, 좌고우면할 때가 많았다. 의심이 많았기 때문이다. 이에 그는 조조의 가려운 곳을 때때로 긁어주며, 그가 올바른 선택을 하도록 도왔다.

뛰어난 통찰력, 조조의 시대를 열다

곽가는 언제나 조조의 의중을 꿰뚫어 보고, 명쾌한 해법을 제시했다. 그의 가장 큰 장점은 정세를 잘 파악하여 전체적인 방향을 잡는 것이었다. 조조가 여포(呂布)를 사로잡을 때도 앞장서서 중요한 임무를 맡았고, 당대 가장 큰 세력이었던 원소를 물리치는 데도 핵심 역할을 했다. 그런 그에 대한 조조의 신임은 누구보다 특별하고 두터웠다. 항상 데리고 다니며, 그의 말이라면 의심하지 않고 받아들였을 정도였다.

조조가 삼국의 패권을 장악하는 데 결정적인 역할을 한 전투로 꼽히는 '관도대전'을 승리로 이끈 지략 역시 곽가의 머리에서 나왔다. 만일 이때 조조가 전투력 열세를 이유로 원소와의 전투를 피해야 한다고 한 다른 참모들의 말을 들었다면, 조조의 시대는 훨씬 늦어졌거나, 아예 오지 않았을지도 모른다. 하지만 조조의 선택은 역시나 곽가였다.

알다시피, 이때 조조는 원소가 질 수밖에 없는 10가지 이유와 공(조조)이 이길 수밖에 없는 10가지 이유를 들어 설명하는 곽가의 말을 믿고 전투를 강행했고, 결국 원소를 이기면서 다른 군벌들을 압도했다. 바야흐로, 조조의 시대를 연 것이다.

조조가 곽가를 신뢰한 또 다른 이유는 그의 통찰력과 사람 보는 안목 때문이었다. 실제로 그가 한 말 중 몇 가지는 정확히 맞아떨어졌다. 예컨대, 당시 수많은 사람이 강동의 젊은 맹주 손책(孫策)을 두려워했지만, 그만은 별 볼 일 없는 인물이라며 그를 무시했다.

손책이 이제 막 강동을 아우르며 죽인 이들은 모두 영웅호걸이며, 주군을 위해 죽을힘을 다할 수 있는 사람입니다. 그런데도 손책이 경박하여 이를 대비하지 않으니, 제가 보기에 그는 필시 필부의 손에 죽을 것입니다.

—《삼국지》 권14 〈위서〉 '곽가열전' 중에서

과연, 그의 예측대로 손책은 스물여섯에 자객의 습격을 받아 그 후유증으로 죽고 말았다. 그런가 하면 조조에 의탁하고 있던 유비가 원술을 치겠다며 허도를 빠져나가자 "유비는 새장에 가둬 두어야지 밖으로 내보내면 반드시 후환이 될 것"이라며 빨리 뒤쫓아 가서 그를 죽이라고 재촉하기도 했다. 유비의 야심과 그릇을 알고 있었기 때문이다. 아니나 다를까, 그의 예상대로 유비는 천하의 인재를 속속 끌어들이며, 조조의 강력한 라이벌로 급부상했다.

조조는 생전에 두 명의 신하를 가장 믿고 의지했다. 순욱과 곽가가 바로 그들이다. 군사(軍師)였던 순욱이 큰 틀에서 문제를 바라보고 해결하려고 했다면, 곽가는 사람 보는 안목과 마음을 읽는 재주가 뛰어나 조조의 근심을 덜어주었다. 그러다 보니 조조는 두 사람에게 후계를 부탁할 만큼 크게 신임했다. 하지만 그 결말은 전혀 달랐다. 순욱은 조조와 대립 후 비극적인 결말을 맞았지만, 곽가와는 죽을 때까지 단 한 번도 문제를 일으킨 적이 없기 때문이다. 물론 이는 곽가가 서른여덟이라는 젊은 나이에 죽었기 때문이기도 하다. 그럼에도 불구하고, 곽가에 대한 조조의 마음은 매우 각별했다.

갑작스러운 죽음, 조조의 운명을 바꾸다

곽가는 하늘과 땅을 두루 꿰뚫는 뛰어난 혜안을 갖춘 인물이었다. 당시 정세에 대한 그의 분석은 귀신도 울고 갈 정도로, 조조의 절대적인 신뢰를 받기에 조금도 모자람이 없었다. 그 믿음이 어느 정도였는지는 곽가의 죽음을 한탄하며 참모들에게 남긴 말로 미루어 짐작할 수 있다.

조조가 말했다.

"그대들은 모두 나와 동년배인데, 오직 봉효(곽가의 자)만이 가장 젊었소. 천하의 일이 끝나면 뒷일을 그에게 맡기려고 하였는데, 이렇게 요절하니, 이것이 운명인가 보오."

그러고는 다음과 같은 제문을 올렸다.

"군제주(軍祭酒) 곽가는 정벌에 뒤따른 지 11년이 되었습니다. 천하를 평정하는 데에 있어 그가 도모한 공이 높습니다. 그러나 불행히 명이 짧아 사업을 다 끝내지 못했습니다. 식읍 8백 호를 늘려 예전과 합쳐 모두 1천 호가 되게 해주십시오."

—《삼국지》권14〈위서〉'곽가열전' 중에서

《삼국지》에는 수많은 책사가 등장한다. 주목할 점은 그들 대부분이 병법보다는 정치에 능한 정치가였다는 것이다. 하지만 곽가만은 예외였다. 그는 지략과 병법에 모두 능했다. 이에 많은 역사가가 곽가를 일컬어 "제갈량과 주유보다 지략 면에서 훨씬 뛰어났다"라고 말하곤 한다. 진수역시 "곽가는 깊은 통찰력이 있고, 모략을 세우는 데 뛰어났으며, 사리와 인정에 통달했다"라며 그를 긍정적으로 평했다.

물론 그를 부정적으로 보는 사람 역시 적지 않다. 11년이나 조조 곁에 있었지만, 내세울 만한 공적이 없기 때문이다. 아닌 게 아니라, 조조가 전성기를 구가하기까지 가장 큰 역할을 한 것은 순욱과 순유였다. 곽가 역시 어느 정도 역할을 하기는 했지만, 두 사람과 비교할 바는 아니었다. 하지만 조조가 가장 먼저 찾은 사람은 순욱과 순유가 아닌 곽가였다.

　적벽대전에서 참패한 조조가 함께 살아 돌아온 참모들에게 술자리를
베풀었다. 술자리가 무르익어갈 때 조조가 갑자기 한 사람의 이름을 부르
며 대성통곡했다.
　"봉효야! 봉효야! 어찌하여 네가 먼저 갔느냐. 네가 살아있었다면 내가
이 지경에 이르도록 만들지는 않았을 것인데…"

—《삼국지》권14〈위서〉'곽가열전' 중에서

　곽가는 조조가 세운 전략에 대해서 단 한 번도 '안 된다'라고 하지 않았
다. 오히려 조조의 뜻을 거스르지 않고 전투에서 승리할 수 있는 전술을
세우는 데 열중했다. 그런 점에서 볼 때 곽가와 조조는 궁합이 잘 맞았다.
그만큼 두 사람은 서로 닮은 점이 많았고, 많은 점에서 통했다. 조조 역시
자신의 책사 중 순욱을 으뜸으로 치켜세웠지만, 마음이 통하는 사람은
곽가뿐이었다고 할 정도였다.

　천하인 중에서 마음이 통하는 사람을 찾기란 쉽지 않소. 오직 봉효만이
내 마음을 알았소. 그런 그가 없는 지금, 몹시 애석하고 안타까울 뿐이오.

—《삼국지》권1〈위서〉'무제기' 중에서

　아닌 게 아니라, 곽가의 죽음 이후 조조의 남방 점령과 천하 제패는 제

동이 걸리고 말았다. 반면, 제갈량을 책사로 얻은 유비는 비로소 운이 트이면서 삼국은 그때까지와는 전혀 다른 상황을 맞이하게 되었다. 그러니 조조의 처지에서는 곽가의 갑작스러운 죽음이 두고두고 아쉬울 수밖에 없었다.

하나를 버리고 셋을 얻다

손권의 '제갈량'이자 '순욱'

짧은 시간에 강동을 장악한 손책은 전투에서 패한 적이 없을 뿐만 아니라 패왕(霸王) 항우에 걸맞은 용맹을 지녔다고 해서 '소패왕(小霸王)'으로 불렸다. 하지만 태평도의 창시자 우길(于吉)을 죽인 후 자객으로부터 불의의 습격을 받아 비명횡사하고 말았다. 그때 그의 나이 겨우 스물여섯이었다. 만일 그가 그렇게 젊은 나이에 죽지 않았다면 우리가 아는 《삼국지》는 전혀 다른 방향으로 전개되었을지도 모른다. 천하의 패권을 놓고 조조와 마지막까지 결전을 벌인 이는 유비가 아닌 그였을지도 모르기 때문이다. 그만큼 그는 매사에 자신만만하고 전도유망한 젊은 군주였다. 다만, 성격이 매우 급하고 과격한 것이 흠이었다.

손책은 기개가 호방하고 실행력이 뛰어났으며, 용맹함과 예리함은 세상을 덮었고, 비범한 인물을 살펴 취했으며, 뜻은 중국을 통일하는 데 있었다. 그러나 경솔하고, 함부로 결정을 내려 몸을 잃고 실패하는 데 이르렀다.

_《삼국지》 권1 〈오서〉 중에서

그렇게 해서 손책이 죽자, 그의 어린 동생 손권이 뒤를 이었다. 하지만 손권은 아버지 손견과 형 손책에게 물려받은 땅을 지키는 데만 급급했을 뿐, 한 번도 중원으로 진출하려고 하지 않았다. 그도 그럴 것이 그는 당시 19세로 조조보다는 27세, 유비보다는 21세나 어렸다. 두 사람이 산전수전 다 겪은 풍상꾼이라면, 그는 햇병아리에 지나지 않았던 셈이다. 그러니 섣불리 움직이기보다는 방어에 치중할 수밖에 없었다. 더욱이 그는 지지 기반이 매우 약했다. 형 손책의 유언에 따라, 주유(周瑜)가 그를 보좌했지만, 역부족이었다. 이때 주유가 한 인물을 추천했는데, 그가 바로 말로써 적을 제압한 노숙(魯肅)이었다. 하지만 당시 노숙은 친구 유엽(劉曄)과 함께 양주의 떠오르는 군벌 정보(鄭寶)를 따르고자 했다. 주유는 그런 그를 극구 말리며 "신하가 주군을 선택할 때는 주군의 자질과 천운을 살펴야 한다"라고 설득했다. 그렇게 해서 주유의 추천을 받아 손권을 처음 알현했다.

손권이 물었다.

"나는 제 환공, 진 문공과 같은 공적을 세우고 싶소. 어떻게 하면 그렇게 할 수 있겠소?"

노숙이 말했다.

"한 황실은 이미 기울었지만, 조조라는 항우가 있습니다. 당장 그를 깨뜨리기란 쉽지 않습니다. 우선, 강동을 지키면서 정세를 살피다가 조조가 북쪽을 차지하면 그 틈을 노려 황조와 유표를 쳐서 장강 유역을 장악해 제위에 오르십시오. 그리고 유비를 끌어들여 조조를 견제해야 합니다."

—《삼국지》 권54 〈오서〉 '노숙전' 중에서

이 말은 곧 '반역'을 하라는 것이었다. 그것도 19살밖에 되지 않은 어린 군주에게 말이다. 그런데 그 말을 들은 손권의 태도가 의외였다. 그는 놀라기는커녕 내심 기뻐하며 그를 즉시 책사로 임명하고, 밤마다 한 침대에 누워 정세와 전략을 논의했다. 이에 노숙의 진언을 '침대 위에서 세운 계책'이라는 뜻에서 '탑상책(榻上策)'이라고 부르기도 하는데, 이는 제갈량의 '융중대(隆中對, 제갈량이 '융중'에서 밭을 갈고 생활하면서 세운 전략 보고서)'와 매우 유사하다. 그런 점에서 볼 때 손권에게 있어 노숙은 유비의 '제갈량'이자, 조조의 '순욱'이었다고 할 수 있다.

한 수 앞을 내다본 뛰어난 외교술

노숙은 기존의 틀에 얽매이지 않은 전략가였다. 삼분지계 역시 제갈량이 아닌 그의 머리에서 먼저 나왔고, 적벽대전에서 오·촉 연합을 끌어낸 것도 그였다. 그런데 촉만이 한 황실의 적통을 잇는다고 생각한《삼국지연의》의 저자 나관중에 의해 우유부단하고 어리숙한 인물로 묘사되고 말았다. 하지만 그는 조금도 아둔하지 않았을 뿐만 아니라 오히려 전략적 식견이 매우 높고 재능 역시 걸출했다. "수전(水戰)에서는 주유, 육전(陸戰)에서는 노숙"이라는 말이 있을 정도였다.

> 노숙은 사람됨이 정직하고 엄숙하며, 군사를 잘 다스리고, 금령은 반드시 행하고 … (중략) … 담론을 잘하고, 문장에도 뛰어나고, 생각이 깊고 원대했으며, 현명함이 다른 이들보다 훨씬 뛰어났다. 주유가 죽은 후로는 노숙이 최고였다.
>
> **—《삼국지》 권54 〈오서〉 '노숙전' 중에서**

노숙의 능력은 특히 외교술에서 빛을 발했다. 그는 약소국 오나라가 중원의 강자 조조를 견제하고, 삼국의 한 축을 차지하려면 유비를 지렛대 삼아야 한다고 생각했다. 이에 때로는 유비와 협력하고, 또 때로는 경쟁하는 실리적인 외교술을 펼치며 오나라를 천하의 맹주로 만들고자 했다.

적벽대전 승리 후 손권은 크게 기뻐하며 장수들에게 노숙을 영접하게 했다. 노숙이 궁전으로 돌아와 그를 알현하려고 하자, 손권은 직접 자리에서 일어나 그에게 예의를 표하며 이렇게 물었다.

"장졸과 군신들 앞에서 그대의 손을 잡고 직접 말에서 내리게 하면 그

대의 공에 조금이라도 보답할 수 있겠소?"

"부족하옵니다. 전하께서 천하를 얻으시고, 천자의 신분으로 저를 맞이하여 주신다면 그때 만족하겠습니다."

—《삼국지》 권54 〈오서〉 '노숙전' 중에서

어쨌건 노숙은 촉과 순망치한(脣亡齒寒)의 관계를 계속 유지했다. 심지어 형주를 빌려달라는 유비의 요청마저 승낙했다. 손권 역시 그의 생각에 동조했다. 그 대신에 유비로부터 형주 제후 유기(劉琦)가 죽거나 익주나 서천을 장악하면 즉시 반환한다는 약속을 받아냈다.

전하는 바로는 제갈량과 조조는 그 사실을 알고 깜짝 놀랐다고 한다. 특히 조조는 들고 있던 붓을 떨어뜨릴 만큼 노숙의 한 수 앞을 내다보는 전략에 혀를 내둘렀다. 그만큼 그의 계획은 치밀하고 정교했다. 그런데 그만 문제가 발생했다. 유비가 익주(益州)를 차지한 후에도 형주를 돌려주지 않은 것이다. 손권이 제갈근(諸葛瑾, 제갈량의 형)을 사자로 보내 형주 반환을 요구했지만, 유비는 거절했다. 분노한 손권은 즉시 여몽(呂蒙)을 파견해 무력으로 장사·계양·영릉을 빼앗게 했고, 유비는 관우를 익양에 파견해 그들과 대치하게 했다. 이른바 '익양대치'였다.

알다시피, 형주를 비롯한 3군은 결국 다시 오나라의 차지가 되었다. 하지만 이때도 노숙은 당장 군대를 파견하는 대신 촉의 경계심이 풀어지기를 기다렸다. 그러니 아무리 적이라도 그의 사려 깊은 생각과 치밀한 지략에 반하지 않을 수 없었다.

제갈량과 주유 사이를 오가며 천하 삼분지계를 논의했던 노숙은 "단순한 친구나 적을 대하기는 쉽지만, 친구인 동시에 적은 대하기가 어렵다"라며 "누구라도 언제나 적이 될 수 있고, 동맹이 될 수 있다. 상대를 적으로 받아들일지, 친구로 받아들일지는 자기 지혜에 달려 있다"라고 생각했다. 생각건대, 이보다 당대의 상황을 더 정확히 표현하는 말은 없을 것이다. 그만큼 노숙의 혜안은 뛰어났다.

"오나라의 영웅은 오직 노숙뿐"

노숙은 전형적인 외유내강의 인물이었다. 장소(張昭)를 비롯한 오나라 대신들은 물론 유비와 제갈량, 관우가 그가 어리고 불손하다는 이유로 비난할 때도 전혀 개의치 않았다. 그럴수록 오히려 더 머리 숙였다. 논공행상 역시 관심 없었다. 형식보다는 내실을, 명분보다는 실리를 중요하게 생각했기 때문이다. 그러다 보니 일부러 알면서 속아주기도 했다. 이에 다른 사람에 대한 평가에 매우 인색했던 관우조차 "오나라의 영웅은 오직 노숙뿐"이라며 그를 높이 평가했다.

노숙은 어린 주군, 손권을 황제로 세워 천하를 통일하려는 야망을 지닌 사람이었다. 하지만 천하 통일로 가는 길은 험난하기 그지없었고, 시간 역시 그의 편이 아니었다.

서기 217년, 노숙은 끝내 마음속 꿈을 이루지 못한 채 병사하고 말았다. 그때 그의 나이 45세였다. 그가 죽자 손권은 크게 슬퍼하며 장례식에도 직접 참석했다. 정적이었던 제갈량 역시 그의 죽음을 사흘이나 슬퍼

했다고 한다. 비록 적이었지만, 마음을 나누었던 지기(知己)의 죽음을 진심으로 추모한 것이다.

안타까운 것은 노숙의 죽음으로 인해 촉과 오의 동맹은 더는 이어지지 못했다는 것이다. 결국, 두 나라의 관계는 악화 일로를 달리며 관도대전, 적벽대전과 함께 《삼국지》의 3대 대전으로 꼽히는 '이릉대전'으로 치달았다. 그 결과, 전쟁에서 패한 촉은 관우와 장비를 잃었을 뿐만 아니라 영역이 익주 일부로 축소되며 쇠퇴의 길을 걷게 되었다. 반면, 승리한 손권은 동오(東吳)를 건국하며 초대 황제에 올랐다. 그러니 제갈량으로서는 서로의 존재를 인정하며 위나라라는 공동의 적에 함께 맞섰던 노숙의 죽음이 두고두고 아쉬울 수밖에 없었다.

끝내 대붕(大鵬)이 되지 못한 새끼봉황

많은 사람이 본질과 형상을 구분하지 못한 채 겉모습에 속아 넘어가곤 한다. 공자 역시 외모만으로 사람을 판단해서 크게 실수한 적이 있을 정도다. 하지만 속았다고 생각했을 때는 이미 늦다. 일의 결과가 나온 뒤이기 때문이다. 따라서 더는 그와 같은 후회를 하지 않으려면 겉모습이 아닌 능력이나 품성 같은 본질을 들여다보는 안목을 길러야 한다.

"어린 시절 박둔(樸鈍)해서 높이 평가하는 사람이 없었다."

《삼국지》의 저자 진수가 한 인물을 두고 한 말이다. '박둔하다'라는 것은 칼이나 검이 무딘 것을 말하는 것으로, '날카롭고 번뜩이지 못하다'라는 뜻이다. 즉, 머리가 영리하지 않고, 행동 역시 민첩하지 않다는 말이다. 그런 사람이 다른 사람에게 호감 있어 보일 리 없다.

그런가 하면 나관중은《삼국지연의》에서 그 인물을 이렇게 묘사했다.

"까만 눈썹이 보기 싫게 붙어있고, 얼굴은 검고 덕지덕지했으며, 수염이 볼품없고, 난쟁이처럼 작았다."

이런 외모 때문에 그는 자신의 가치를 제대로 인정받지 못한 채 번번이 퇴짜 맞아야 했다. 하지만 그의 진가를 단번에 알아본 사람이 있었다. 바로 스승 사마휘(司馬徽)였다.

조조에게 패한 유비가 유표(劉表)에게 의지하고 있을 때였다. 유표는 황실의 종친인 유비를 처음에는 형제처럼 대했다. 하지만 유비에게 귀의하는 사람이 점점 많아지며 그의 세력이 커지자 곧 그를 두려워하며 견제했다. 그러던 중 유표의 처남 채모(蔡瑁)가 유비를 죽이려고 한 일이 일어났다. 이때 유비는 화장실에 간다며 몰래 빠져나와 한 지방으로 달아났는데, 한 목동이 그를 알아보고 자기 스승에게 데려갔다. 그 스승이 바로 '수경선생(水鏡先生)'으로 불리던 사마휘였다.

수경선생이 말했다.

"공이 그런 수난을 당하는 것은 곁에 쓸 만한 인재가 없기 때문이오."

현덕공이 대답했다.

"비록 큰 세력은 아니지만, 저에게도 관우, 장비, 조운 같은 인재가 있습니다."

"관우나 장비, 조운은 분명 만 명의 적을 능히 당해낼 만한 장수들이지만, 그들을 지휘할 군사(軍師)가 없잖소."

"몸을 굽혀서 그런 사람을 찾고 있지만, 아직 만나지 못했습니다."

그러자 수경 선생이 말하기를,

"이곳 형주에 천하의 기재들이 모여 있으니 잘 찾아보시오."

그 말에 현덕공이 되물었다.

"천하의 기재란 누구를 이르는 말입니까?"

"와룡과 봉추 같은 인재를 얻어야 하오. 그들 중 한 명만 얻어도 천하를 얻을 수 있을 것이오."

그 말에 귀가 번쩍 뜨인 현덕공이 되물었다.

"와룡과 봉추가 누구입니까?"

그러자 수경 선생이 손뼉을 치며 말했다.

"좋지, 좋아."

—《삼국지연의》 중에서

알다시피, 복룡(伏龍)이란 '숨어 있는 용'이라는 뜻으로 '세상에 잘 알려지지 않은 숨은 인재'를 말하며, 봉추(鳳雛)는 '봉황의 새끼'로 '지략이 뛰어난 사람'을 말한다. 하지만 사마휘는 그들이 누구인지는 끝까지 말해주지 않았다. 스스로 알아내라는 것이었다.

그 후 제갈량이 복룡임을 안 유비는 그의 초가집을 세 번이나 찾아간 끝에 그를 군사로 삼을 수 있었지만, 봉추는 도저히 찾을 수 없었다.

사마휘가 말한 봉추는 과연 누구일까. 봉추는 바로 앞서 말한 볼품없는 외모 때문에 번번이 퇴짜 맞은 인물로, 그의 이름은 '방통(龐統)'이었다. 하지만 유비는 그 역시 바로 알아보지 못했다. 추한 외모 때문에 손권에게 차인 방통이 노숙의 추천장을 가지고 찾아갔지만, 보자마자 뇌양현(耒陽縣)이라는 작은 고을의 현령으로 임명해 멀찌감치 쫓아버렸다. 때마침 사마휘에게서 동문수학했던 제갈량은 지방 순시를 떠나고 없었다.

외모 때문에 유비에게마저 인정받지 못한 방통은 고을 일은 돌보지 않고 백 일 동안 술만 마셨다. 그러던 어느 날, 소문을 들은 장비가 씩씩거리며 찾아왔다.

장비가 말했다.

"왜 일하지 않는 것이오?"

방통이 말했다.

"내가 일했는지 안 했는지 당신이 어떻게 아시오?"

그러고는 부하에게 일거리를 가지고 오라고 하더니 반나절 만에 깔끔하게 처리했다. 이에 깜짝 놀란 장비가 사죄하자, 방통은 그제야 노숙의 추천장을 보여주었다.

"왜 이걸 진작 보여주지 않았소?"

장비가 묻자, 방통이 말했다.

"내 능력만으로 인정받고 싶었소."

뒤늦게 장비에게 이 사실을 들은 현덕공은 곧장 그를 불러 사과했다. 그리고 이 일을 뒤늦게 알게 된 제갈량은 웃으면서 이렇게 말했다.

"큰 새를 좁은 조롱에 가두면 갑갑해서 죽고 맙니다. 방통은 겨우 백 리의 좁은 땅을 다스릴 만큼 작은 인재가 절대 아닙니다."

그제야 현덕공은 그를 부군사로 삼았다.

—《삼국지》 권37 〈촉서〉 '방통전' 중에서

그렇게 해서 유비는 복룡과 봉추를 다 얻을 수 있었다. 바야흐로, 유비의 시대가 본격적으로 열린 셈이었다.

"군사의 방통, 정치의 제갈량"

방통 하면 가장 먼저 떠오르는 인물이 있다. 바로 제갈량이다. 방통에게 제갈량은 반드시 넘어야 할 큰 산과도 같았다. 늘 비교 대상이 되었기 때문이다. 하지만 그는 못생긴 외모 때문에 제갈량에게 밀려 항상 조연에 그칠 수밖에 없었다. 실제로 제갈량이 형주의 권력자 집안의 딸과 결혼하고, 훗날 촉의 승상 자리까지 오른 데 반해, 그는 모든 것이 뒤처졌을 뿐만 아니라 너무도 허망하게 죽고 말았다.

방통과 제갈량은 스타일 역시 전혀 달랐다. 방통이 한 번 목표를 정하면 좌고우면하지 않고 끝까지 밀어붙이는 전략가라면, 제갈량은 정석을 기반으로 주군의 뜻을 받드는 정치인에 가까웠다. 그러니 촉의 대부분 기초전략은 제갈량이 아닌 방통에게서 나왔다고 해도 과언이 아니다. 그만큼 그는 천하대세를 훤히 들여다보았고, 임기응변에도 능했다. 아닌 게 아니라, 그의 머릿속에는 항상 기막힌 계책이 들어 있었다.

알다시피, 적벽대전은 가장 치열하고 규모가 컸던 전투로, 주유의 5만 군사가 백만 대군을 앞세운 조조의 군대를 대파하며 삼국 정립의 기틀을 닦은 전투이기도 하다. 유비에게 중용된 후 별다른 활약이 없던 방통이 처음 등장한 것도 바로 이때였다.

치열한 전투가 잠시 중단되었을 때 방통은 조조의 모사 '장간(蔣幹)'을 역이용하여 거짓으로 조조에게 항복했다. 방통에 대해 익히 알고 있던 조조는 그를 후하게 대접하며 전쟁에서 승리할 묘책을 물었다.

조조가 말했다.

"우리 군사들은 수전 경험이 없다 보니, 뱃멀미가 무척 심하오. 묘책이 없겠소?"

방통이 말했다.

"큰 전함들은 30척씩, 작은 전함들은 50척씩 한데 모아 팔뚝 같은 무쇠 고리로 마주 붙들어 매서 흔들리지 않게 하십시오. 그 위에 넓은 철판을 깔아 놓으면 천리마라도 달릴 수 있습니다. 그렇게 하면 풍랑도, 조수도 두려울 일이 없습니다."

—《삼국지연의》중에서

그의 지략에 감탄한 조조는 곧 모든 배를 쇠사슬로 한데 묶었다. 하지만 이는 방통의 계략이었다. 주유가 화공(火攻)을 감행하자 배들이 서로 묶인 탓에 도망치는 것이 불가능해 속수무책으로 당할 수밖에 없었기 때문이다. 이것이 바로 '연환계(連環計, 고리를 잇는 계책)'다.

흔히 "군사의 방통, 정치의 제갈량"이라고 말한다. 방통의 계략은 정공법을 토대로 하는 제갈량의 병법과는 확실히 달랐다. 그만큼 방통은 실전에 능했고, 제갈량은 큰 그림을 그리는 데 뛰어났다. 하지만 방통은 너무도 허망하게 죽고 말았다. 익주 원정길에서 방통이 탄 말이 갑자기 날뛰면서 그를 땅에 팽개치자, 유비가 자기가 타던 백마를 방통에게 줬는데, 이것이 적의 표적이 되고 말았다.

장임(張任)은 모든 궁노수에게 백마 탄 장수만 집중해서 쏘라고 지시했다.

"유비만 잡으면 우리가 이긴다."

그때 진군하던 방통이 심상치 않음을 느끼고, 군사에게 물었다.

"이곳 지명이 무엇인가?"

"낙봉파(落鳳坡)라고 합니다."

"뭐라? 내 별호(別號, 본이름 외에 따로 지어 부르는 이름)가 봉추인데, 낙봉파라니… 이롭지 않다. 즉시 후퇴하라!"

그러나 이미 늦었다. 큰 포 소리가 나더니 그를 향해 화살이 비 오듯 날아왔다.

— 《삼국지》 권37 〈촉서〉 '방통전' 중에서

봉추는 그렇게 허무하게 갔다. 그때 그의 나이 겨우 36세였다.

방통의 죽음은 그저 참모 한 명의 죽음이 아니었다. 방통을 잃음으로써 유비는 관우와 형주마저 잃으면서 서서히 무너지기 시작했기 때문이다.

척당불기(倜儻不羈)의 삶

방통은 인물평을 잘했다. 또한, 잘못된 점을 보면 그냥 넘어가지 않을 만큼 성격이 곧고 직선적이었다. 문제는 그것에 사람을 가리지 않았다는 것이다. 그러니 윗사람을 자주 불편하게 했다. 한마디로 처세술이 부족했던 셈이다. 이는 그가 출세를 전혀 신경 쓰지 않았기 때문이다.

유비가 양회(楊懷)와 고패(高沛)를 죽인 후 크게 기뻐하며 연회를 베풀었을 때의 일이다.

술이 거나하게 취한 현덕이 방통을 돌아보며 말했다.

"오늘은 참으로 즐겁구려. 그렇지 않소?"

방통이 말했다.

"남의 나라를 정벌해서 즐거워하는 것은 인자(仁者)의 태도가 아닙니다."

그러자 현덕이 크게 화를 내며 말했다.

"듣자 하니, 지난날 무왕께서 주왕을 토벌한 뒤 악기를 연주하며 공적을 드러내셨는데, 이 역시 인자의 전쟁이 아니란 말이오? 어찌 경의 말은 도리에 맞지 않소? 썩 물러가시오."

그 말에 방통이 껄껄 웃으면서 일어났다. 그리고 좌우에서 술에 취한 현덕을 부축해 후당(後堂)에 들이니 한밤중까지 자다가 깨어났다. 이에 좌우에서 잇달아 방통의 말을 현덕에게 전하자 크게 뉘우쳤다. 그리고 다음 날 아침, 옷을 갖춰 입은 후 당에 올라 방통에게 사죄를 청했다.

"술에 취해 내가 촉오(觸忤, 성내게 함)했소. 마음에 두지 마시오."

하지만 방통은 묵묵부답이었다. 그러자 현덕이 다시 말했다.

"어제 내 말은 실수였소."

그제야 방통이 말했다.

"주군과 신하 모두의 실수이지, 어찌 주공 혼자만의 실수겠습니까?"

방통의 말에 현덕이 크게 웃으니, 그 즐거움이 예전과 같았다.

—《삼국지연의》 중에서

만일 이때 제갈량이라면 어땠을까. 술 취한 유비를 아무도 없는 곳으로 데려가서 편히 쉬게 한 후 술이 깨기를 기다리지 않았을까. 그만큼 방통과 제갈량은 스타일이 달랐다.

결과적으로, 유비는 와룡, 봉추를 다 얻었지만, 천하 제패에 실패했다. 방통 역시 지닌 재주를 채 펼쳐보지도 못한 채 날개가 꺾이고 말았다. 새끼봉황에서 끝내 대붕(大鵬)이 되어 하늘로 날아오르지 못한 것이다. 이에 《삼국지》의 저자 진수는 방통에 대해서 다음과 같이 평했다.

인물 평가와 경학(經學), 책모가 뛰어나 형주 사람들은 그를 '고아하고

준수한 사람(高俊)'이라 했다. 위나라의 신하들과 비교하자면 순욱에 비
길 만하다.

_《삼국지》 제37권 〈촉서〉 '방통전' 중에서

　방통. 그의 책략은 절묘했고, 술수는 날렵했다. 또한, 그는 남에게 얽매
이거나 구속되지 않는 '척당불기(倜儻不羈, '뜻이 크고 기개가 있어 남
에게 매이지 않는다'라는 뜻)'의 삶을 살았다. 그런 그가 있었기에 유비
는 천하 삼분의 대업을 쉽게 이룰 수 있었다. 하지만 지나치게 변화를 중
시해서 인의(仁義)를 경시했다는 비판을 듣는다. 변화에도 한계가 있어
야 정도(正道)로 돌아갈 수 있는데, 오직 새로움만 추구했기 때문이다.
만일 방통이 그렇게 빨리 죽지 않았다면 유비와 촉나라의 운명은 어찌
되었을까. 생각건대, 외교와 군사를 봉추 방통이 맡고, 내치를 와룡 제갈
량이 맡았더라면 삼국의 역사는 바뀌었을지도 모른다.

신하가 간언하지 않으면 나라가 위태롭다

죽음도 불사했던 '직신(直臣)'의 모범

어느 나라건 봉건 관료 사회는 피와 음모로 가득 차 있기 마련이다. 권력을 끊임없이 탐하는 무리와 목숨 걸고 바른길을 걸으려는 이들이 끊임없이 대결했기 때문이다. 하지만 안타깝게도 역사는 항상 올바른 방향으로만 흐른 것은 아니다. 충의와 절개를 펼치고자 했던 이들이 무고당하며 무수한 고난과 억압을 당해야 했기 때문이다. 그렇다고 해서 음모와 계략을 일삼는 무리에게만 역사가 장악된 것은 아니다. 만일 그랬다면 지금의 우리는 없을지도 모른다. 온갖 고난과 핍박에도 끝까지 바른길을 걷고자 했던 이들이 있었기에 지금의 우리가 있다.

중국의 오랜 역사에도 후대까지 이름을 날린 이가 적지 않다. 하루에 세 번 임금에게 간언한 춘추전국시대 제나라 명재상 안영(晏嬰, 흔히 '안자'로 불린다), 명령이나 강제 없이도 부하들을 따르게 했던 한나라 명장 이광(李廣), 직언하는 신하(直臣)의 모범으로 꼽히며 죽을지언정 절대 굽히지 않은 당나라 재상 위징(魏徵), 강인하면서도 부러지지 않는 성품으로 측천무후(則天武后, 중국 역사상 최초이자 최후의 여자 황제)의 신임을 얻은 적인걸(狄仁傑) 등등…. 이들은 '모략'으로 대표되는 전통적인 처세술을 거슬렀다는 공통점을 가지고 있다. 그 때문에 살아생전 수많은 핍박과 고통을 감내해야만 했지만, 역사는 이들을 승자로 인정하고 있다.

> 동(銅)으로 거울을 만들면 의관을 단정히 할 수 있고, 고대 역사를 거울삼으면 천하의 흥망과 왕조 교체의 원인을 알 수 있으며, 사람을 거울로 삼으면 자기의 득실을 분명하게 할 수 있다.
>
> **—《자치통감》권196 중에서**

위징이 죽자, 당 태종 이세민이 몹시 슬퍼하며 신하들에게 한 말이다. 알다시피, 당 태종은 '현무문의 정변'으로 형제들을 죽이고 황제가 되었지만, 집권 후 '정관의 치'라는 태평성대를 이루며 중국사를 대표하는 명군 반열에 올랐다. 그 비결은 사람을 신중히 잘 골라서 쓴 데 있다. 특히 그는 한때 자신에게 칼을 겨누었던 위징을 핵심 참모로 기용함으로써 '독을 약으로 삼았다'라는 평가를 받았다.

별 볼 일 없는 젊은 시절을 보낸 위징이 본격적인 벼슬길에 오른 것은 아이러니하게도 정적이었던 이세민이 황제가 되면서부터였다. 그때부터 그는 17년 동안 당 태종을 보좌하며 소신을 굽히지 않는 직언으로 황제를 바로잡는 역할을 마다하지 않았다.

당 태종이 위징에게 물었다.

"너는 어째서 우리 형제 사이를 이간질했느냐?"

당시 진왕 이세민의 명망이 날로 높아지자, 위징이 태자 이건성(李建成)에게 "일찌감치 손을 써서 우환을 제거하라"라고 한 일을 따진 것이었다. 하지만 위징은 조금도 두려워하지 않고 제 할 말을 다 했다.

"모시는 사람이 주군을 위하는 것은 당연하지 않겠습니까? 만일 태자께서 내 말을 들었다면 오늘 같은 화는 당하지는 않았을 것입니다."

그 말을 들은 당 태종은 그가 자신에게 꼭 필요한 사람이라고 생각했다. 그래서 그를 용서하고 간의대부로 삼았다.

—《구당서(舊唐書)》〈위징열전〉 중에서

간의대부(諫議大夫)란 왕에게 직언하는 직책으로, 지금으로 말하면 '감사원장'이었다. 만일 위징이 다른 신하들처럼 듣기 좋은 말만 했다면 그는 절대 살아남을 수 없었을 것이다. 하지만 그는 죽음을 전혀 두려워하지 않고 제 할 말을 다 했다. 당 태종 역시 위징의 그런 강직함을 거울삼아 자숙(自肅, 자신의 행동을 스스로 삼가서 조심함)했기에 황위를 찬탈한 패륜아에서 명군으로 거듭날 수 있었다.

위징은 "신하가 간언하면 자신이 위태롭지만, 간언하지 않으면 나라가 위태롭다"라고 했다. 그 때문에 그는 정치는 물론 경제, 외교, 심지어 황제의 사생활까지 거침없이 지적했다. 그렇게 해서 그가 당 태종에게 공식적으로 직언한 횟수만 무려 300여 회가 넘었다. 공식적으로 알려진 것만 그 정도니, 밝혀지지 않은 것까지 더하면 그 횟수는 훨씬 많을 것이다. 그러니 아무리 대범하고 넓은 가슴을 지닌 당 태종이라도 도저히 참지 못하고 울화가 치밀 때가 적지 않았을 터. 아무리 충언이라도 지나치면 짜증 나는 법이기 때문이다.

하루는 조회를 마치고 돌아온 황제가 화가 잔뜩 나서 말했다.

"그 촌놈을 죽여 버리든지 해야지…"

그러면서 칼로 목을 치는 시늉을 했다. 그러자 황후가 그 내막을 알고는 조용히 물러갔다가 예복으로 갈아입고 다시 돌아와 황제에게 절하며, 이렇게 말했다.

"예부터 임금이 밝으면 신하가 곧다(君明臣直)고 했습니다. 위징이 곧은 것을 보니 폐하의 밝음이 드러나는지라 이를 경하드리옵니다."

그 말에 황제는 황후의 깊은 뜻을 알고는 곧 화를 풀고, 위징의 충언을 계속 되새겼다.

— 《구당서》 〈위징열전〉 중에서

위징의 간언은 그만큼 준엄하고 강직했다. 심지어 황제 앞에서 직접 비난하기도 했다. 황제가 노해도 낯빛 하나 바뀌지 않고 잘못을 지적했다. 그러면서 자신은 충신(忠臣)보다는 양신(良臣)이 되고 싶다고 했다.

신하 중에 위징이 황제의 인척에게 아부하고, 당파를 만든다고 비방한 자가 있었다. 황제가 온언박(溫彦薄)에게 이를 조사하라고 하니, 곧 사실이 아님이 밝혀졌다.

온언박이 말했다.

"위징은 신하 된 자로서 처세를 분명히 하여 의심을 제거하지 못하고 비방 받으니, 마땅히 문책하여야 합니다."

그 말에 황제가 위징을 불러오게 했다.

잠시 후, 황제를 알현한 위징이 말했다.

"바라건대, 폐하께서는 신을 양신(良臣)이 되게 하시고, 충신(忠臣)이 되게 하지는 마소서."

"충신과 양신이 다르오?"

"양신으로는 직(稷), 계(契), 고요(皐陶) 등이 있사옵고, 충신으로는 용봉(龍逢), 비간(比干) 등이 있습니다. 양신은 그 자신이 명성을 얻을 뿐 아니라 그 임금도 칭송되며, 그의 자손은 만대에 이어지며 복(福)이 흘러 끝이 없습니다. 그러나 충신은 몸이 화를 당하고 죽임을 당하며, 그 임금은 악의 구렁에 빠지게 되어 나라를 잃고 집을 파멸하게 되니, 충신은 단지 헛된 명성만 얻을 뿐입니다."

"좋은 말이오. 그럼, 임금 된 자는 어떤 방법으로 현명하게 되며, 또 무엇을 잃어 어리석게 되오?"

"임금이 현명하게 되는 방법은 여러 사람의 말을 두루 들으시는 것입니다(兼聽則明). 즉, 임금이 어리석게 되는 까닭은 한 신하의 말만 믿기 때문입니다. 요 임금과 순 임금은 사방의 문을 닫지 않고 눈을 활짝 열고 귀를 활짝 열어 공공(共工)이나 곤(鯀), 환두(驩兜) 등의 잘못된 행동이 빠져나가지 못하였습니다. 그러나 진(秦)의 2세(二世, 호해)는 자기 몸을 드러내지 않고 조고(趙高)를 믿어 천하가 붕괴하니, 그의 미명(美名)은 들리지 않게 되었습니다. 또한, 양무제(梁武帝)는 주이(朱异)의 말만 믿어 후경(後景)이 군사를 거느리고 궁궐에 왔어도 끝내 알지 못하였고, 수양제(隋煬帝)는 우세기(虞世基)를 믿어 적이 천하에 횡행하여 그의 미명 또한 전하여지지 않게 되었습니다. 하지만 임금이 두루 들을 수 있다면 간사한 신하가 그의 귀와 눈을 막히게 할 수 없고, 아랫사람들과 마음이 통할 수 있게 된다고 합니다."

그 말에 황제는 사직의 근본을 잊지 않을 것이라며, 위징에게 비단 2백 필을 하사하였다.

—《구당서》〈위징열전〉 중에서

이후 당 태종은 언로를 더욱 활짝 열어놓고 신하들의 쓴 말을 더욱 경청했다. 또한, 군신 간의 의사소통을 제도화함으로써 자신을 더욱 추스르며 정사에 임했다.

나라를 다스리는 것과 병을 치료하는 것이 다를 바 없다. 천하가 얼마쯤 안정되면 더욱더 조심하고 삼가야 한다. 짐은 훌륭하다는 칭찬을 들어도 삼간다. 정사에 불안하다고 생각하는 일이 있으면 극진히 의견을 말해 숨기는 일이 없어야 한다.

《정관정요》 중에서

양신은 스스로 명성을 누릴 뿐만 아니라 군주에게도 위세와 명망을 가져다줘 자손만대 이어지게 한다. 하지만 충신은 미움을 사서 주살 당하기 쉬울뿐더러 군주를 어리석게 하여 오명을 남기고, 나라를 망치게 할 수 있다. 양신이 되는 데는 한 가지 원칙만 있으면 충분하다. 위로는 군주를 편안하게 하고 아래로는 백성을 행복하게 한다는 믿음이 바로 그것이다. 그러자면 훌륭한 군주를 만나는 것도 중요하지만 군주가 흐트러지지 않도록 끊임없이 간언해야 한다.

하루는 자로(子路)가 스승 공자에게 물었다.

"군주를 모시려면 어떻게 해야 합니까?"

그러자 공자가 말했다.

"윗사람을 속이지 말고, 앞에서 바른말을 해야 한다(勿欺也 而犯之)."

_《논어》〈헌문(憲問)〉편 제23장_

위징은 이 말을 곱씹으며 당 태종에게 직언을 멈추지 않았다. 그러면서 사악한 신하의 6가지 유형(六邪)을 제시하였다. 관직에 안주하고 봉록을 탐하는 구신(具臣), 아첨만 하는 유신(諛臣), 간사하고 어진 사람을 질투하는 간신(奸臣), 잘못을 감추고 사람들을 이간질하는 참신(讒臣), 대권을 쥐고 전횡하는 적신(賊臣), 군주의 눈을 가려 불의에 빠지게 하는 멸신(滅臣)이 바로 그것으로, 황제가 이들을 멀리해야만 백성이 편안해질 수 있다고 하였다.

황제가 위징에게 관리 선발의 기준을 물었다.

"어떤 사람을 관리로 선발해야 하오?"

위징이 말했다.

"난세에는 능력만 있어도 충분하지만, 태평성대에는 도덕성마저 갖춰야 합니다."

—《정관정요》 중에서

사실 만인지상의 황제가 항상 듣기 싫은 소리만 일삼는 껄끄러운 신하를 옆에 두기란 쉽지 않은 일이다. 당 태종이 대단한 것은 바로 그 점 때문이다. 위기에 처할 때마다 그는 위징의 간언을 거울삼아 일을 진행했다. 그 결과, 그를 둘러싼 수많은 역사적 과오를 줄이는 것은 물론 정관의 치 역시 이룰 수 있었다. 이에 당 태종은 "그대가 항상 짐이 인덕을 실천할 수 있도록 이끌어주어 지금의 짐이 있는 것이다"라며 위징에게 고마워하곤 했다. 생각건대, 정관의 치는 황제에게 끊임없이 직언하는 바른 신하와 그런 신하의 충심을 믿고 따른 현명한 황제가 있었기에 가능했으리라.

충신(忠臣)이 아닌 '양신(良臣)'이 되고자 했던 당 태종의 거울

643년 정월 17일, 그런 위징이 죽었다. 그러자 당 태종은 자기를 비추던 거울이 깨졌다며 매우 애통해했다.

> 나는 내가 가진 세 개의 거울 중 한 개를 잃어버렸다. 세 개의 거울은 다음과 같다. 첫째는 의관을 보는 거울, 둘째는 패망한 역사를 보며 배우는 정치 거울, 셋째는 그릇됨을 비추는 거울 바로 '위징'이었다.

_《정관정요》 중에서

하지만 곧 당 태종을 격노하게 한 일이 일어났다. 위징이 상소문을 사관에게 미리 보여주었다는 사실을 알게 되었기 때문이다. 위징이 역사에 이름을 남기기 위해 자신에게 간언하고, 자신을 끊임없이 괴롭혔다고 오해한 당 태종은 위징의 장남 숙옥(叔玉)에게 형산공주(衡山公主)를 시집보내겠다는 약속을 파기했을 뿐만 아니라 그의 묘비마저 부숴버렸다. 단 한 번의 오해로 위징을 '역사적 사형'에 처한 것이다. 그리고 위징이 그토록 말렸던 고구려 정벌에 나섰다. 하지만 그 결과는 쓰라린 패배였다. 그제야 위징의 소중함이 떠오른 당 태종은 "위징이 살아 있었다면 원정을 말렸을 텐데"라고 탄식하며, 그의 묘비를 다시 세워주었다. 위징의 빈자리가 그만큼 컸던 것이다.

당 태종에게 위징은 그저 그런 한 명의 신하가 아니었다. 위징이 없었다면 그 역시 역사에 이름을 남기지 못했을 가능성이 크기 때문이다. 역사는 그런 위징을 이렇게 평하고 있다.

위징은 감히 간언했고, 능히 간언했고, 훌륭하게 간언했다.

—《신당서(新唐書)》〈위징열전〉 중에서

혀는 몸을 자르는 칼

절묘한 '줄타기의 달인'

"오십이 되기 전 나는 한 마리 개에 불과했다. 앞에 있는 개가 자기 그림자를 보고 짖으면 함께 따라서 짖었을 뿐이다."

명나라 말기의 사상가 이지(李贄)의 말이다. 흔히 이탁오(李卓吳)로 불리는 그는 '사상적 이단아', '유교의 반역자'로 불릴 만큼 자유분방하고 급진적인 인물이었다. 당시 사상의 주류였던 성리학과 공자의 말에 복종하지 않았기 때문이다. 예컨대, 그는 공자에 대한 후대의 해석을 중요하게 볼 것이 아니라 공자가 남긴 말 자체를 중요하게 봐야 한다고 주장했다. 그러면서 성인의 가르침에 맹종했던 이전의 자신을 매우 부끄러워하며 이렇게 고백했다.

난쟁이(이탁오 '자신'을 말함)가 작아서 보지도 못하는 굿(공자의 말)

을 사람들이 좋다고 하면 그저 좋다고 따라 한 것일 뿐이다.

_이탁오, 《분서(焚書)》 중에서

그런가 하면 폭군 진시황이나 파렴치한 인물로 알려진 풍도(馮道)를 옹호하기도 했다. 특히 5개국(후당, 후진, 요나라, 후한, 후주) 11명의 황제 밑에서 재상을 지내 '기회주의자', '최고의 간신' 등으로 불리는 풍도를 다른 시각에서 봤다. 유교적 명분론에 대한 지나친 집착은 왕조 교체 때마다 박해받는 백성의 처지에서는 무의미하다고 생각했기 때문이다.

"사직이 중요하지, 임금은 중요하지 않다"라는 맹자의 말처럼 풍도는 이 둘을 잘 구분할 줄 알았다. 원래 사(社)란 백성을 편안하게 하는 것이고 직(稷)은 백성을 먹여 살리는 것이다. … (중략) … 풍도가 끝끝내 전쟁의 참화를 모면할 수 있었던 까닭은 그가 백성을 편안하게 하고 먹여 살리려고 노력한 덕분이다.

_이탁오, 《분서》 중에서

당연히 권력을 잡은 이들의 눈에 그가 곱게 보일 리 없었다. 누구보다도 그 자신이 그것을 잘 알았다. 그 때문에 책의 제목을 《분서》, 《장서(藏書)》라고 지었다. 언젠가는 불태워지고, 없어질 책이라는 뜻이었다. 하지만 황제의 칙령으로 금서가 되기는 했지만, 끝내 없어지지는 않았다.

중국 5대 10국 시대(서진 멸망 후 존재했던 5호 16국 시대와 이름이 비슷하지만, 시기가 완전히 다르다), 당나라 멸망 후 송나라 건국까지 약 50여 년을 말하는 이 기간에 5개 왕조가 들어서고, 황제가 열 번 바뀌었다. 그만큼 난세였다. 하지만 바뀌지 않은 것도 있었다. 중국 역사상 가장 혼란스러웠던 시기임에도 재상 자리만은 한 인물이 독차지했다. 어지간한 수완을 지닌 인물이 아니고는 도저히 불가능한 일이었다.

　풍도. 앞서 말한 풍도가 바로 그 주인공이다. 그는 수많은 왕조가 일어서고 망하는 난세에 무려 23년 동안 재상으로 있었다. 그야말로 진정한 처세의 달인이었던 셈이다.

5개국, 11명의 황제 밑에서 재상을 지내다

　역사를 살펴보면, 말 한마디로 천 냥 빚을 갚을 뿐만 아니라 목숨을 구한 이도 부지기수다. 반대로 세 치 혀를 잘못 놀린 죄로 자신은 물론 집안까지 멸문지화 당하는 설화(舌禍)를 당한 이 역시 헤아릴 수 없을 정도다. 글은 남에게 보이기 전에 몇 번이고 고쳐 쓸 수 있지만, 한 번 뱉은 말은 절대 주워 담을 수 없기 때문이다.

　5조 8성 11군(五朝八姓十一君, '5개 왕조에서 8개의 성을 가진 11명의 임금을 섬겼다'라는 뜻)의 재상으로 출사했던 풍도는 권력의 풍향을 꿰뚫어 볼 줄 알았다. 특히 그는 입조심을 처세의 근본으로 삼았다.

　　입은 재앙을 불러들이는 문이요(口是禍之門)

혀는 몸을 자르는 칼이다(舌是斬身刀)

입을 닫고, 혀를 깊이 감추면(閉口深藏舌)

가는 곳마다 몸이 편안하리라(安身處處宇)

_풍도, 〈설시(舌詩)〉_

가난한 농민 출신으로 오로지 자기 능력만으로 재상에 오른 그는 말과 감정을 다스리는 법을 잘 알았다. 그래서 해야 할 말과 해서는 안 되는 말을 구분하고, 말을 할 때와 안 할 때를 알았다. 이는 그가 처음 관직 생활을 유수광(劉守光) 아래서 한 덕분이었다.

5대 10국 시대 초기 군벌로 연(燕)을 건국한 유수광은 잔인하기로 유명했다. 살인을 밥 먹듯이 했으며, 부하들 역시 말 한마디 잘못하면 가차 없이 목을 베었다. 풍도 역시 그의 성미를 잘못 건드려서 하마터면 목숨을 잃을 뻔했지만, 다행히 옥에 갇히는 데 그쳤다. 그가 평소 보여준 인품과 청렴함에 반한 이들의 탄원 때문이었다.

그는 하루가 멀다고 잔혹하고 격렬한 전투가 벌어지는 와중에도 항상 솔선수범하며 근검한 생활을 했다. 기록에 따르면, 그는 군영 안에 자그마한 초가집을 짓고, 침상도 없이 풀더미 위에서 잤다. 또한, '하늘에 순응하고, 황제가 아닌 백성에게 충성하는 것'을 삶의 원칙으로 삼았다. 그 때문에 힘 있는 절도사들이 수시로 황제 자리를 찬탈하는 중에도 자신이 할 수 있는 일과 할 수 없는 일, 해야 할 일과 하지 말아야 할 일을 정확히 구분하고, 백성의 평안한 삶을 위해서 노력했다. 황제가 바뀌는 것쯤은 전혀 신경 쓰지 않았다. 예컨대, 명종(明宗, 후당의 제2대 황제)의 사위 석경당(石敬瑭, 후진의 초대 황제)이 거란의 도움을 받아 후진(後晉)을 건국한 후 고마움을 표시하기 위해 그를 사신으로 보내려고 했을 때도 기꺼이 그 임무를 수행하며 이렇게 말했다.

"폐하께서는 북쪽 왕조의 은혜를 입었으며, 신은 폐하의 은혜를 입고 있습니다."

이에 수많은 유학자가 그의 처신을 두고 '지조 없는 기회주의자', '변절자', '최고의 간신'이라며 손가락질했다. "충신은 두 임금을 섬기지 않는다(忠臣不事二君)"라는 유교적 잣대로 그를 난도질한 것이다.

> 충성스러운 신하는 두 임금을 섬기지 않는다. … (중략) … 충성스럽지 않은 신하는 아무리 재능이 많고, 공적이 빼어나도 훌륭하다고 볼 수 없다. … (중략) … 풍도가 재상으로서 다섯 왕조와 여덟 성(姓)을 섬긴 일은 나그네가 객방(客房)을 스쳐 가는 일과 마찬가지다. 아침에는 서로 원수였는데, 저녁에는 임금과 신하 사이로 변하자, 표정과 말을 바꾸면서도 부끄러워한 적이 없다. 큰 절개가 이랬으니, 설령 그가 착한 일을 몇 가지 했다고 한들 어찌 괜찮다고 말하겠는가?
>
> ― 사마광, 《자치통감》 중에서

중화사상에 젖은 유학자 사마광의 눈에 풍도는 절묘한 줄타기의 달인으로밖에 보이지 않았을 것이다. 송나라의 유학자인 구양수(歐陽脩) 역시 풍도를 '염치없는 자'라며 혹평했다. 하지만 후대로 내려올수록 정반대의 평가를 받았다. 그에 대한 평가는 유교적 가치관의 쇠약과 궤를 같이하는 셈이다.

'삼불기(三不欺)'의 삶을 산 장락노(長樂老)

풍도는 단 한 번도 사사로운 이익을 도모한 적이 없었을 만큼 자신에게 엄격했다. 예컨대, 그는 죽을 때 "가장 쓸모없는 땅에 매장하라"라는 유언을 남겼다. 또한, 그를 비난하는 사람들도 인정하듯, 누구보다 청렴하고, 검소했으며, 모범을 보였다. 직접 농사짓고, 흉년이 들면 가진 재산을 풀어 어려운 사람을 도왔으며, 전쟁터에 나가면 병사들과 똑같은 음식을 먹었다. 나아가 정말 필요한 상황에서는 후환을 무릅쓰고서라도 간언하는 일을 서슴지 않았다. 예컨대, 요나라 태종 밑에 있을 때는 그의 부하들이 백성을 학살하고 약탈하는 일을 그만두도록 간하여 많은 이들의 목숨을 구했는가 하면, 후주의 세종을 보좌할 때는 황제의 말을 거스르면서까지 친정을 반대하기도 했다. 그러니 신하 중에는 그를 시기하는 사람들이 있었지만, 병사와 백성은 그를 "옛사람의 풍격을 지닌 거대한 산과 같은 인물"이라며 존경하고 따랐다.

그를 중용했던 황제들 역시 이를 잘 알았다. 피비린내 나는 쿠데타가 하루가 멀다고 일어나던 시절, 수많은 황제가 그를 재상으로 등용한 이유는 바로 그 때문이었다. 그런데도 그가 간신이라는 말을 듣는 이유는 그의 행위가 충성과 지조를 중시하던 당대의 가치관이나 윤리관과 부합하지 않기 때문이다. 또한, 5개 왕조마다 충성을 다짐했을 터이니, 그때마다 신의를 강조했을 그로서도 면목 없는 일이기도 했다. 하지만 그는 출세와 보신을 위해서 그런 것이 아니었다. 그가 황제들의 비위를 맞추면서 했던 일 중에는 백성의 삶에 큰 도움이 된 것이 적지 않았기 때문이다. 즉, 그에게 충성의 대상은 황제가 아닌 백성이었다.

풍도는 말년에 자신의 호를 '장락노(長樂老)'라고 짓고 철저히 은거의 삶을 살았다. 그러면서 한 권의 책에 자신의 처세술과 인생관을 담았다.

아래로는 땅을 기만하지 않고, 가운데로는 사람을 기만하지 않았으며, 위로는 하늘을 기만하지 않는 삼불기(三不欺, 절대 속일 수 없는 세 가지)의 삶을 살았다. 그 결과, 하늘의 도움으로 여러 차례 곤경에서 벗어날 수 있었고, 이민족의 지배 아래에서도 중원 왕조로 다시 돌아올 수 있었다. 이는 나의 능력이 아니라 하늘의 보살핌 덕이다.

__ 풍도, 《장락노자서(長樂老自敍)》 중에서

난세의 삶에 있어서 가장 중요한 목표는 '생존'이다. 생존해야만 어떤 이상이라도 달성할 수 있기 때문이다. 그런 점에서 볼 때 풍도는 자신의 이상을 실현하기 위한 가장 현실적인 처세를 보였다고 할 수 있다. 그를 '간신'이나 '변절자'라고만 할 수 없는 이유다.

그렇다고 해서 현실 영합적인 그의 처세가 옳다는 것은 아니다. 지조 없이 변절을 일삼은 기회주의적 행태는 비난받아 마땅하다. 하지만 우리가 주목해야 할 것은 기록 너머의 진실이다. '역사'라는 이름으로 재구성된 그의 삶을 두고 양극단의 평가가 오가듯, 누구도 거기서 자유롭지 않기 때문이다. 과연, 진실은 무엇일까.

난세일수록 리더의 처신은 주목받기 마련이다. 말 한마디, 행동 하나하나가 삶의 기준이 되고, 평가의 대상이 되기 때문이다. 리더의 처지에서는 매우 곤혹스러운 일이 아닐 수 없다. 하지만 어떤 선택을 하건 간에 평가는 엇갈리기 마련이다. 풍도를 비롯한 난세 영웅들의 삶이 그것을 증명하고 있다.